JN255811

改訂版

こんな建売住宅は買うな

田中 勲

幻冬舎MC

はじめに

ここ数年、建売住宅の価格が低下の一途をたどり、マイホームを手に入れたい人にとってそのチャンスが急速に広がっています。

しかし一方で、建売住宅の品質に不安がある人が多いことも事実です。安かろう悪かろうでは、一生に一度の買い物が台無しになってしまいます。

実際、基礎に入るべき鉄筋が入っていない、外壁に断熱材が入っていない、内部に雨水が浸入していて腐食の恐れがある、耐震性能が十分でない、床に隙間があるなど、建売住宅に見られる欠陥・不具合の例は枚挙に暇がありません。これらは長い年月を経ると日常生活に支障をきたしたり、場合によっては生命をおびやかすような恐ろしい事態を招きかねません。たとえば階段のわずかな傾きであっても、長く住んでいるうちに目まいや三半規管の障がいを引き起こすことがありますし、耐震性能が不十分であれば、設計上倒れるはずのないレベルの地震でも家屋が倒壊する恐れが出てきます。

こうした建売住宅の欠陥・不具合は、設計、施工、建築後の検査、販売、すべての工程で見過ごされ、購入者は知る由もなく「つかまされて」しまっているのが実情です。問題が発覚したときには購入から何年も経過しており、保証もきかず、莫大な修繕費用がかかってしまうなど、「買う前にわかっていれば」と後悔するケースが多くあります。

では、このような建売の欠陥住宅をつかまされないためには、いったいどうしたらいいのでしょうか。

私は20年以上にわたって不動産事業に従事する中で、1000軒以上の建売住宅をチェックし、数多くの欠陥・不具合を見抜いてきました。

その経験を踏まえて断言できるのは、本書で述べる次の4つの観点で建売住宅をチェックすれば、欠陥住宅の購入を確実に回避できるということです。

- 壁や床に施工者のミスが潜んでいないか
- 建物の耐震強度は十分余裕があるか
- 目に見えない有害物質の発生源はないか
- 営業マンの売り文句に矛盾はないか

本書では、一般の方でもわかりやすいように、私が見抜いてきた欠陥・不具合の実例をもとに、建物をチェックする際のポイントについて解説します。工務店のミスが起こりやすい箇所、耐震性能が不十分になりがちな構造などに絞ってチェックすれば、購入前に欠陥・不具合を確実に見抜くことができます。そうすれば、無償で修繕を行ったり、購入自体を見送るといった対応で、欠陥・不具合のある物件をつかまされることを回避できるのです。

この本が、読者の皆さんの、一生安心して暮らせるマイホーム購入の一助になれるなら、これに勝る喜びはありません。

2018年6月吉日

田中　勲

改訂版　こんな建売住宅は買うな　目次

［第１章］

断熱材のヌケ、違法建築、耐震強度不足……欠陥に気づかずに後悔する建売住宅購入者たち

後悔先に立たず――人気の建売住宅に潜む落とし穴

マイホーム購入は、多くの人にとって一生に一度の大イベントです。人生で最も高額な買い物になるわけですから、購入後に欠陥や不具合が見つかって後悔したり、大金を払って仕方なく修繕する事態になることなど、絶対に避けたいはずです。

近年は建築偽装問題などを受けて住宅性能評価制度などの各種制度が充実し、不動産会社や工務店も安心・安全であることを主張します。しかし実は、住宅に関するトラブルは後を絶ちません。公益財団法人 住宅リフォーム・紛争処理支援センターによれば、2016年度の住宅に関する相談件数は3万1163件にのぼり、増え続けていることが明らかになっています。中でも多いのは住宅の不具合や契約に関わるトラブル相談です。

購入時に不動産会社や工務店に対していくら心配だと言っても「大丈夫です」と言うはずです。しかし実際にトラブルが起きてから対応を求めても、まったく修繕に応じてもらえないというケースは少なくありません。その結果が、先に見た相談件数の増加につながっているのです。

特に、建築工程が見えにくく、大量に生産・販売されている「建売住宅」は注意して選ばなければなりません。「注文住宅」と比べて、土地を探す必要がなく、価格的にも手が届きやすいことは極めて大きなメリットですが、残念ながら品質にバラつきがあることは事実です。

バブル期に粗製乱造された建売の「安かろう・悪かろう」というイメージから、ある程度は仕方がないと割り切っている人もいるかもしれません。しかしそれは大きな間違いです。私はこれまで1000軒以上の建売住宅をチェックしてきましたが、全体の5割は何らかの欠陥・不具合を抱えていました。5年、10年経ってから健康被害や大規模修繕などのトラブルを招く物件も多くあります。数千万円という買い物の失敗は、悔やんでも悔やみきれません。

もちろん安価で質の高い物件もたくさんあります。ですからどんな小さな欠陥・不具合も、購入前にしっかりと見抜き、質の低い物件をつかまされないようにすることが大切なのです。

内覧会では欠陥・不具合はわからない

建売住宅に潜む欠陥・不具合は、購入希望者が内覧会などで見学しただけではなかなか気がつかないのですが、購入後、少し経つと露呈してきます。壁の中まで雨漏りしている、建物が歪んでいるなどの欠陥・不具合を抱える建売住宅も珍しくありません。特に木材の腐食を招く雨漏りなどは極めて大きな問題です。

しかも、パワービルダーと呼ばれる大手建売会社は、1社あたりの建築・販売件数が桁違いに多いため、アフターサービスのフットワークが悪い会社も少なくありません。保証がきかず自腹で何十万、何百万もの修繕費をかけなければならないこともあり、欠陥住宅に関する訴訟も増えています。

外観や立地を気に入り、営業マンの巧みなセールストークを聞いてしまうと、建物の良い面ばかりが目立つうえに「早くしないと他の人に買われてしまう」という焦りから契約を急いでしまいます。その結果が後悔につながるのです。買う前にわかっていれば、もっと慎重に選んでいれば、欠陥・不具合が潜んでいる可能性さえ知っていれば……いくら悔やんでも後の祭りです。そんな恐ろしい事態を回避するためにも、購入を検討している段階で、問題をしっかりと見抜いていく必要があります。

コンクリートの基礎部分に潜む「木片」

最近、建売住宅の基礎に問題が見つかることが少なくありません。住宅の土台である基礎に欠陥や不具合があると、後に強度の低下を招き、最悪の場合は倒壊にまでつながりかねないリスクがあります。2014年に、韓国の建築中のマンションが30度も傾き、倒壊の恐れがあるため付近の道路が規制された、という恐ろしいニュースが流れ、話題になりました。原因は基礎の欠陥といわれています。基礎は、言うまでもなく、建物の構造上、非常に重要な部分なのです。

私は建売住宅の診断・販売仲介を行う専門家として多くの住宅を診断してきましたが、コンクリートの基礎部分に潜んでいた適当な工事の跡を見抜いたことがありました。建売住宅の購入を検討している30代のご夫妻から、気に入った物件があるので購入前に診断してほしいと依頼を受けたときのことです。基礎が簡単に崩れ、異物の混入が明らかになっ

［図表1］ 基礎の中に木片

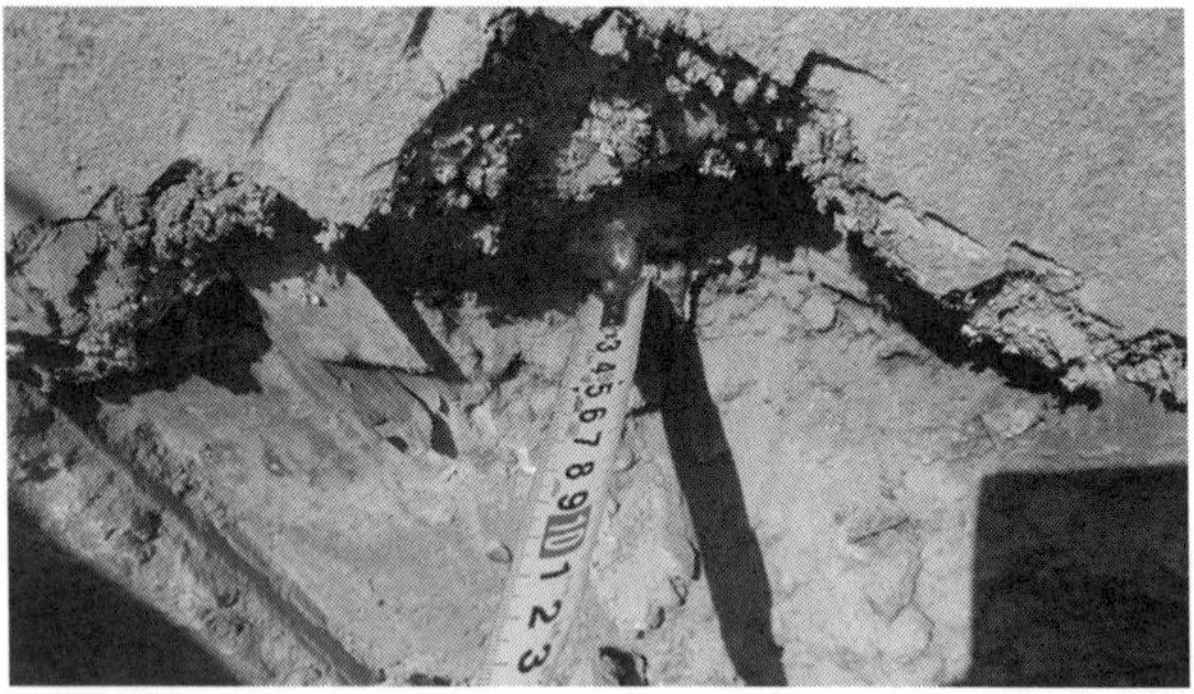

たことがあったのです。

当然、建物診断の際は、基礎をしっかりチェックします。このときも、「打診棒」という道具を使って、中に空洞ができていないかなどを調べていきました。基礎の表面をなぞるように打診棒を転がしていくのですが、もし空洞などがある場合は、密度の違いから転がす際の音が変わって聞こえます。この家の基礎のある場所を転がした際、他の場所と明らかに異なる音がしました。おかしいと思い、軽く叩いてみるとコンコンと軽い音がして、きれいに塗ってあったはずのモルタルがポロボロと剝がれ、中から空洞が出てきてしまいました。しかも、あろうことか、そこから長さ数十センチメートルの木片が出てきたのです。たかが木片くらい、と思われるかもしれませんが、これは非常に大きな問題です。

新築の戸建住宅を外側から見ると、地面から40センチメートルほどがコンクリートになっているのがわかると思います。この部分が基礎です。なぜ、40センチメートルも高さがあるのかというと、地面から建物の木造部分までの距離を取ることで、地面に跳ね返った雨水や地面の表面を流れる雨水が木材まで到達することを防ぐためです。

基礎の大きな役割は、建物の重さを支えることにあります。

ここに欠陥があると、建物そのものが傾いたり、倒壊したりする危険性があります。

しかし外観を見ただけでは基礎の中がどうなっているかはわかりませんし、何より一般の購入希望者からすれば、よもや基礎に空洞ができているなどとは想像も警戒もしていないはずです。

異物の混入や空洞が、大事な基礎部分の破損も招く

基礎は、金属の型枠を作って、その中にコンクリートを流し込むという比較的単純な作業でもあるため、人手不足の現在は、出稼ぎの外国人労働者に任せることも多いようです。

型枠を作ってコンクリートを流し込む前の段階で、木片や空缶などの異物が型枠の中に入ってしまうことがありますが、その重大さに気がつかなかったり、適当に看過してしまうような人が作業を担当していると、そのままコンクリートが流し込まれ、基礎コンクリートに異物が混入してしまうことになるのです。

ご夫妻は立地をとても気に入っており、契約の直前でしたが、基礎に問題があった事実を見抜けたことで、この欠陥住宅をつかまされずに済みました。もし、知らずに住んでしまった場合は、コンクリートの部分から簡単にクラック（＝ひび）が入り、そこから雨水が浸入していたでしょう。雨水が浸入することによって、木片があった場合は腐ってしまい、腐ることにより中に空洞が生じます。

基礎に大きな空洞があるとコンクリートの強度が落ちたり、場合によってはその木片の近くにあった鉄筋も雨水で錆びて、さらに建物の強度が下がっていたと考えられます。そうなれば地震などの外的な衝撃で基礎が破損する恐れがあり、最悪の場合、建物倒壊につながります。

釘の飛び出しに隙間……明らかに雑な工事

流通している建売住宅の中には、隅々までチェックすると釘が飛び出したままになっていたり、材木の合わせ目に隙間が生じている物件がよくあります。一言でいえば雑なのですが、その雑さが表面上は見えない建物内部にまで及んでいる可能性がありますので、非常に大きなリスクを抱えている建物だといっても過言ではありません。

埼玉県のある新築戸建住宅でも、次々と不具合が明らかになり、とても修繕対応だけで済ませられないケースがありました。20代の若いご夫妻が購入を検討していた物件です。あるパワービルダーが手掛ける分譲地で8棟ほどあったうちの最後の1棟でした。

奥様は妊娠中。自分の実家に近く、立地がよいということで、非常に気に入っていたようでした。ところが内覧してみると、あちこちに施工の粗さがあり、明らかなハズレ物件であることがわかりました。たとえば、「巾木《はばき》」に打ってある釘の先が飛び出ていました。巾木とは、壁の最下部の、床と壁の継ぎ目に取り付ける細長い横板のことです。床と壁の境目は、汚れたり、壊れやすいため、巾木で保護するのです。

[図表2] 巾木の隠し釘の飛び出し

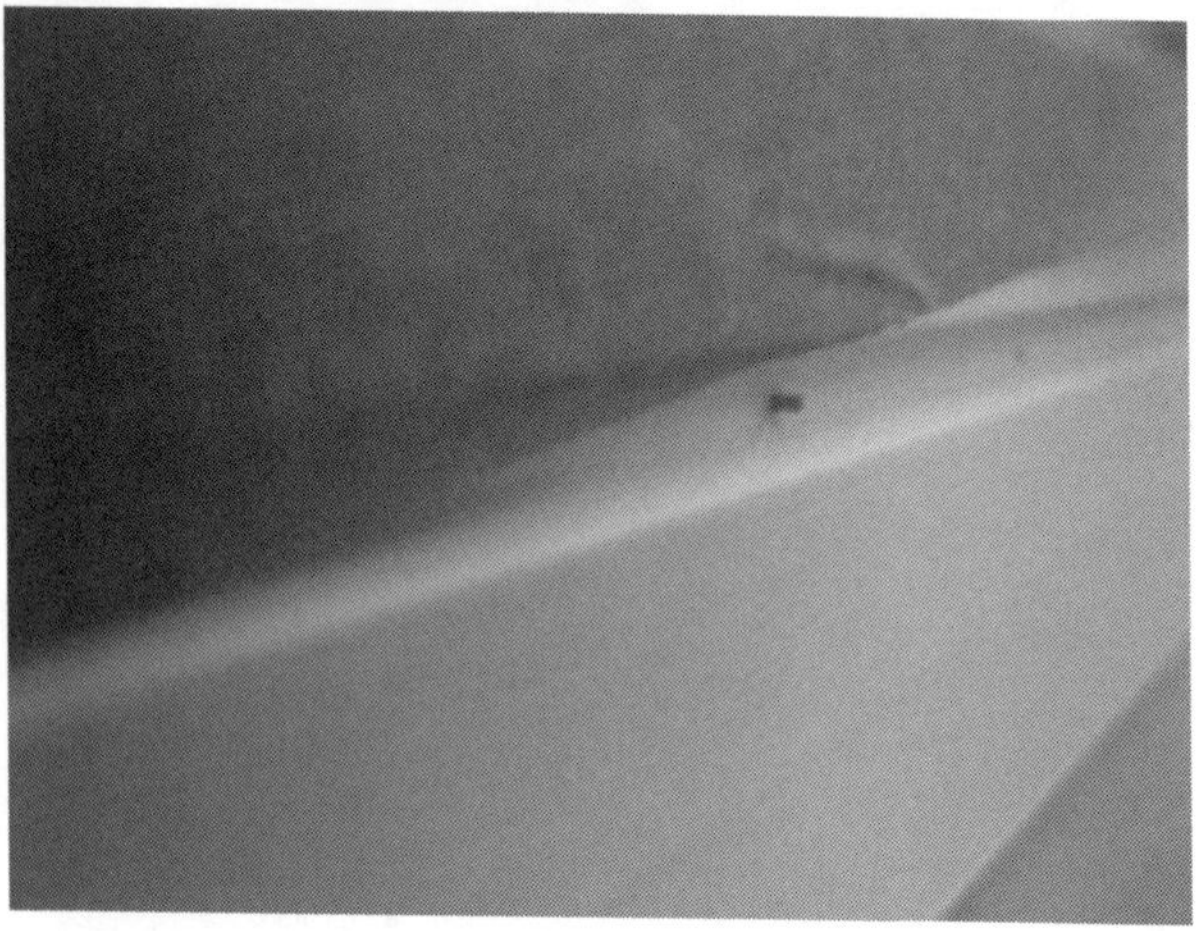

[図表3] 掃除のし忘れ

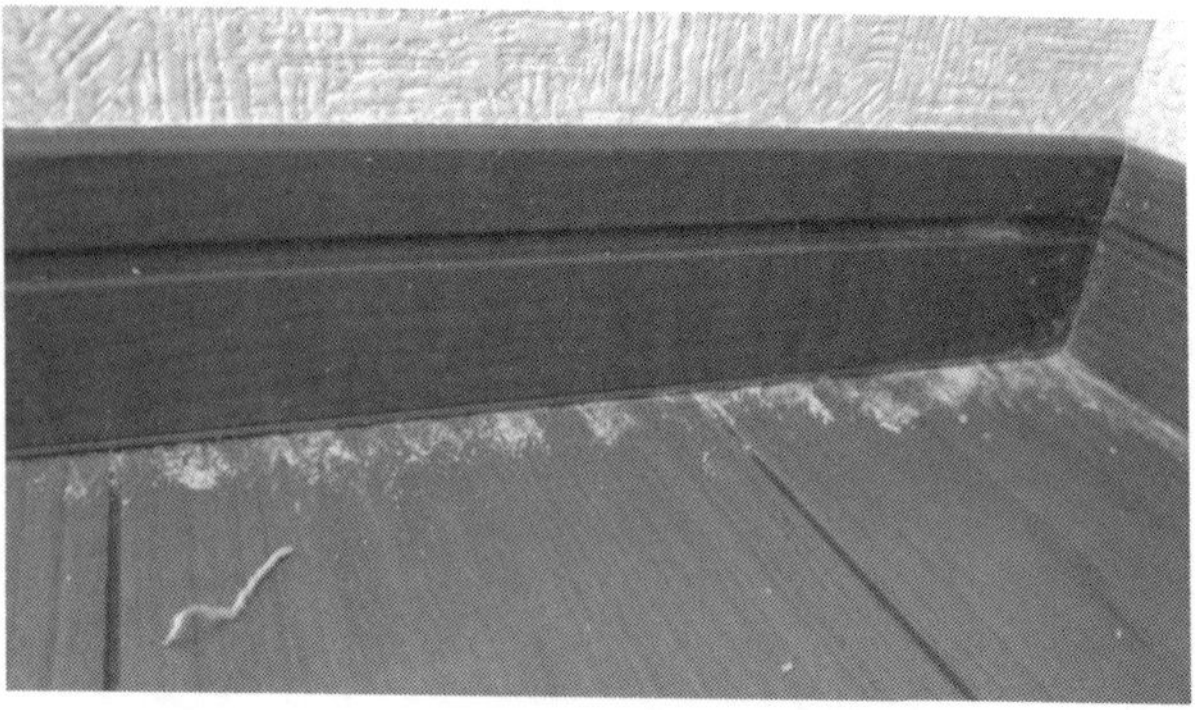

本来であれば、この巾木は、「隠し釘」といって、頭のない釘を見えなくなるまで打っておかなければならないのですが、この物件では、先が飛び出したままでした。些細なことに思えるかもしれませんが、手足を引っかけたりしてけがをする恐れがあります。特にハイハイをするような小さいお子さんがいると非常に危険です。

生活する中で注意すればいい、我慢すればいいと思う人もいるかもしれませんが、これは、目に見える以上の大きな問題が潜んでいるので決して看過してはいけません。

雑な大工が建てた家は後に大トラブルを招く

釘がところどころ飛び出しているような家を建てた大工は、すべての仕事において雑である可能性があります。

そもそも大工なのに、釘の1本も正しく打てないような職人です。たまたまこの釘を最初に発見した私は「これは数ある『雑な仕事』のうちの氷山の一角に過ぎないだろうな」と思いました。

案の定、次から次へと細かい不具合が出てきました。

こういう場合、だいたい20～30カ所くらいの不具合が出てきます。それぐらいであれば、「手直しをお願いします」と売主の建売業者に伝えて対応してもらい、購入に至ることもあります。ところが、このときは、手直しの必要なところが200カ所にも及びました。

熟練したモラルの高い大工であれば、絶対にこういうことは起こりません。隅々まで、丁寧な仕事をして、完璧な状態で引き渡します。

さすがに私は、「後々トラブルになる可能性が高いので、この物件は買わないほうがよいと思います」と買主に伝えました。立地はよかったものの「後々いやな思いはしたくない」ということで、買主のほうも購入をあきらめることにしました。

建築中から雨漏り。カビ・腐食の恐れがある最悪の欠陥住宅

建築中の段階から、すでに雨水の浸入などによって内部にダメージを受けてしまっている物件も少なくありません。当然、素人がパッと見ただけではわからないのですが、そのまま完成し、住み始めたとしたら、そう遠くないうちに深刻な問題となって目に見えるかたちで表れるでしょう。そこまで雨水の浸食が進んでしまうと、壁を張り替えるような大

掛かりな修繕が必要になってしまいます。

私が診断した物件でも壁内部への雨水浸入が判明し、購入を見送ってもらった建売住宅があります。40代の女性が母親と一緒に住む家を探しており、建築中の物件の診断を依頼されたときのことです。

パッと見た感じは、きれいな外観の家でした。

ところが、サーモグラフィーで壁を見ると、色が違っていて、水が浸みていることがわかりました。雨漏りです。室内からも、家の外からも、目視だけではまったくわからないのですが、壁の中で静かに雨漏りがしていたのです。

激しい雨が降ったりすれば、早晩、壁のシミとなって表れてくることは明らかですし、中が腐ったり、カビが生えたりする恐れがあります。おそらくサッシの上の雨仕舞や、防水シートの貼り方の不具合によるものと考えられました。雨漏りの場合は、保証がききますから、契約後でも修理はしてもらえます。

ただ、住む前から、雨漏りがわかっている場合は、修繕を検討するより購入自体をやめたほうがよいでしょう。すべて壁を剝がして工事をやり直すことになりますし、雨漏りに

［図表4］ 壁の中に雨水浸入（赤外線サーモグラフィーの画面）

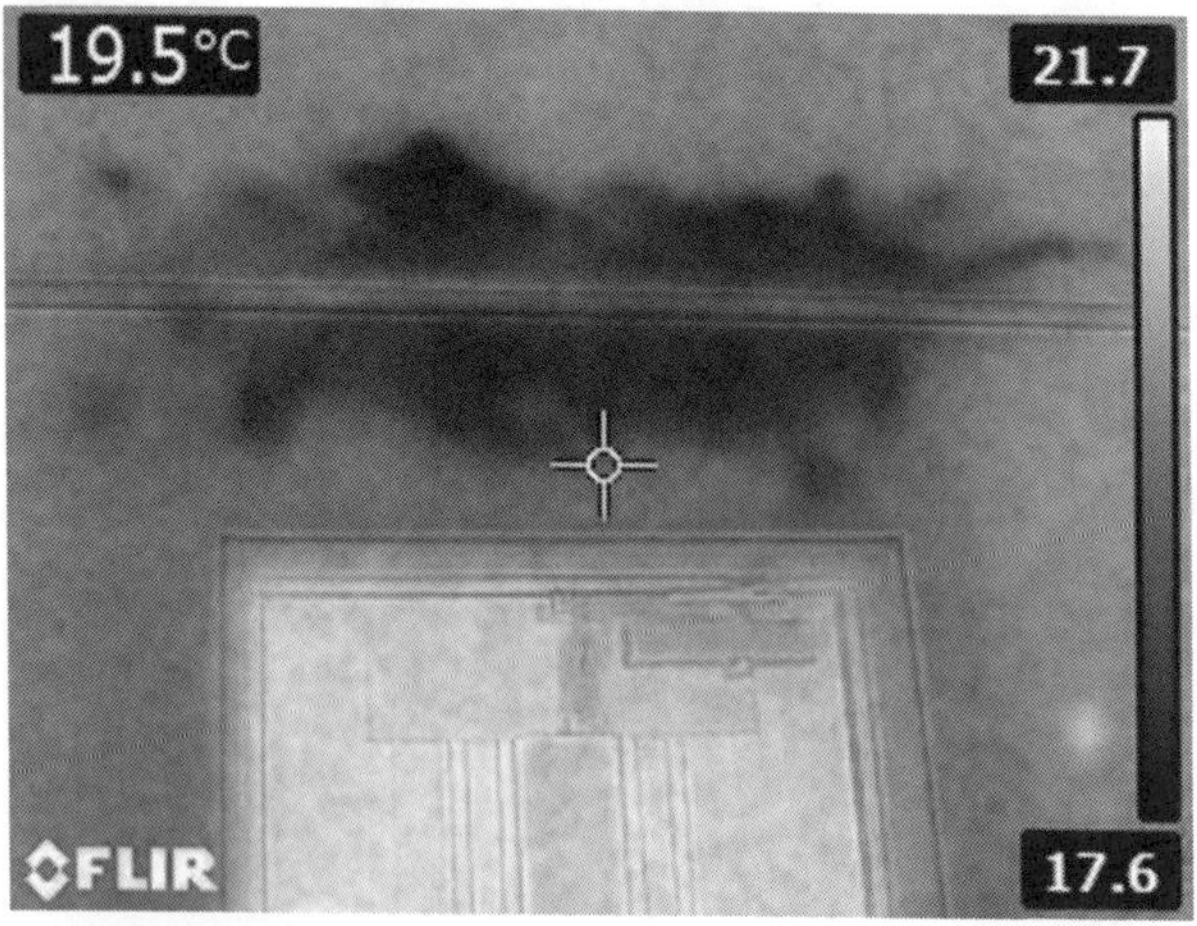

よって、木材が腐朽している可能性もあるからです。

私は、万が一、契約前に壁や天井内部の雨水浸入を発見した場合には、原則的に取り扱いをしません。雨水浸入は、建物の寿命に深く関わるからです。

壁の中の見えない雨漏りのあるこうした物件は、意外と多いので注意が必要です。

結局、この女性も、カビが生えて高齢のお母様の健康に差し支えては困るということで、購入を見送ることにしました。

強烈な電磁波を浴び続ける電線近くの家

電線などから発せられる「電磁波」も建売住宅の目に見えないリスクです。WHO（世界保健機関）では、日常的に浴びる電磁波の強さが4ミリガウスを超えると、小児の白血病や、脳腫瘍の発生リスクが大きくなるという報告があるのです。この問題は、建築というより立地の問題ですが、土地と建物がセットになった建売住宅の場合には、検討時の重要なポイントになります。

2人のお子さんがいる40代のご夫妻から、東京・世田谷の物件を見てほしいという依頼がきました。物件は、15坪ほどの土地に建つ典型的な3階建ての狭小住宅で、価格は約5000万円ということでした。造りはしっかりしていて、丁寧な大工だと感心しました。ところが3階に上がったときに、いやな予感がしました。窓のすぐそばに電柱が見えたからです。電磁波は鉄塔のそばだけでなく、普通の電柱や電線の近くでもとても強くなることがあります。複数の電線がある場合、一番下に電話線があり、その上に普通の電気の線があり、一番上に高圧線が通っているということがよくあります。

この家もそうでした。電磁波の強さを測定する機器のメモリは14ミリガウスを指していました。これは非常に高い数値です。

電磁波の問題は日本ではあまり取り沙汰されていませんが、個人的には家を選ぶ際の非常に重要なポイントだと思っています。私自身、電磁波が原因と思われる体調不良を経験したことがあるからです。私はかつて送電線の近くにあるアパートに住んでいたことがありました。その当時はいつも頭が痛くて、つらい思いをしていました。「脳の病気なのかな」と疑ったり、「偏頭痛持ちなのかな」と思いつつ、忙しくてなかなか病院にも行けませんでした。

[図表5] 電磁波の強い場所

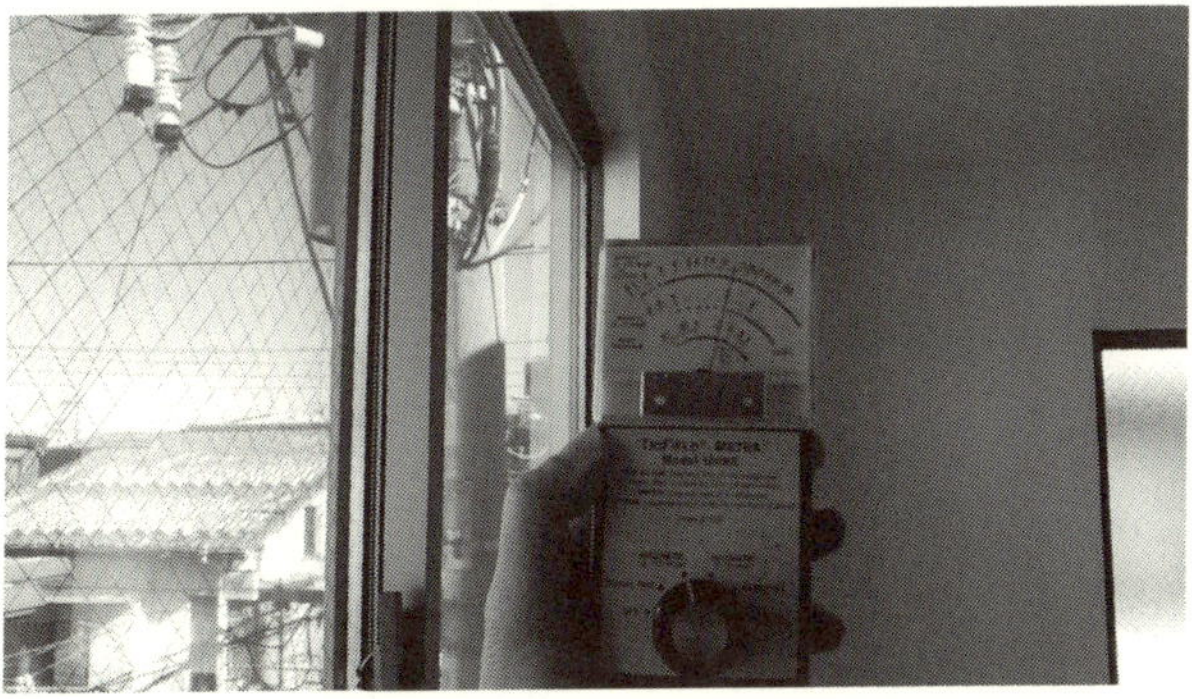

それが、引っ越した途端にピタリと治ったのです。

当時は、電磁波に対する知識もなかったので、理由を深く考えず、環境を変えたら治ったのかな、くらいに考えていました。

その後、この仕事で電磁波についての知識を得てから、当時の頭痛の原因を疑って、電磁波を測定するために、住んでいたアパートに行ってみました。

実際に測定してみて驚きました。針が振り切れてしまうほど、高い測定値になっていたからです。今となってみれば、よくここに住んでいたなと思うと同時に、やはり頭痛の原因は送電線だったのかとあらためて思いました。すべての人にあてはまるわけではないと思いますが、これは私が経験した事実です。

仮に電磁波の高い家であっても、部屋の配置によって電磁波の数値は違うので、たとえば、子ども部屋は数値の低いところにするなどの工夫をする人もいます。

健康被害も誘発する家の傾き

家や床のわずかな傾きも、見過ごしてしまいがちな不具合です。ビー玉を置くとコロコロとよく転がるような家は、要注意です。傾きのある家は、体に害をなす家となりかねないためです。

ある50代の男性が、非常に隙間が目立つ家の購入を検討していました、3階の居室のドア、クローゼット、窓枠……。あまりにも隙間が多いので、私はある重大な欠陥を疑いました。基本的に、隙間があると風が入ってくるという問題が生じるのですが、それ以上に怖いのは、家が傾いているという欠陥が隠れていることです。

この家もよく調べて見ると、建物自体に著しい傾斜があることがわかりました。傾斜があるために、部屋のあちこちで歪みが生じて、隙間ができていたのです。

デジタル水平器と赤外線オートラインレーザーを使用して傾きを測定したところ、各部屋で一定方向の傾きが計測されました。

数値としては、1000分の6以上の傾きでした。NPO法人日本ホームインスペクターズ協会の住宅診断士の基準では、1000分の6以上の傾きは、著しい傾きと表現されます。

こうした傾きを放っておくと、さらに床や壁や柱の傾きが進み、建て付けが狂ってきます。扉を開けたり閉めたりするときに、ドアがうまく閉まらない、あるいは、無理矢理開けたり閉めたりすることで、床やドア枠にキズをつけて、直るものも直らないということになります。

このような傾きのある家に住み続けていると、人にもよりますが、疲労感や睡眠障害、めまい、吐き気、頭痛などの健康被害が起こるという研究結果も出ています。

構造躯体にもダメージを及ぼしかねない〝うっかりミス〟

当然付いているはずの設備が付いていないなど、信じられないような施工者のうっかりミスが潜んでいることもあります。もし私が診断しなければ長年気づかないまま住み続け、建物の構造躯体にまで悪影響を及ぼしていたであろう大きなミスを発見したことがありました。

ある会社で管理職を務める40代の女性が購入を検討していた物件なのですが、内覧に同行してまず目に付いたのは、階段の踏面《ふみづら》と蹴上《けあげ》の間にできた隙間でした。階段に隙間ができている家は実は少なくありません。普通ならば、直してもらって購入に至るケースもよくあります。ただ、この家の場合、それだけでは済みませんでした。

ユニットバスの天井裏の点検口を開けてみると、なんと、換気扇のダクトがつながっていませんでした。換気扇のつなぎ忘れです。電気配線はされていましたので、換気扇自体は作動しました。万が一、気が付かないまま引き渡しを受けていたら、浴室の湿気が天井裏に充満して結露でカビが発生するだけでなく、最悪の場合、構造躯体にもダメージを及ぼしかねません。今回は、引き渡し前に気が付いたので事なきを得ましたが、買主の女性に告げると、苦笑いしていました。

そもそも腕のいい大工は隙間など作りません。このときは、引き渡しまでに換気扇ダク

［図表6］ ユニットバスの換気扇ダクトの付け忘れ

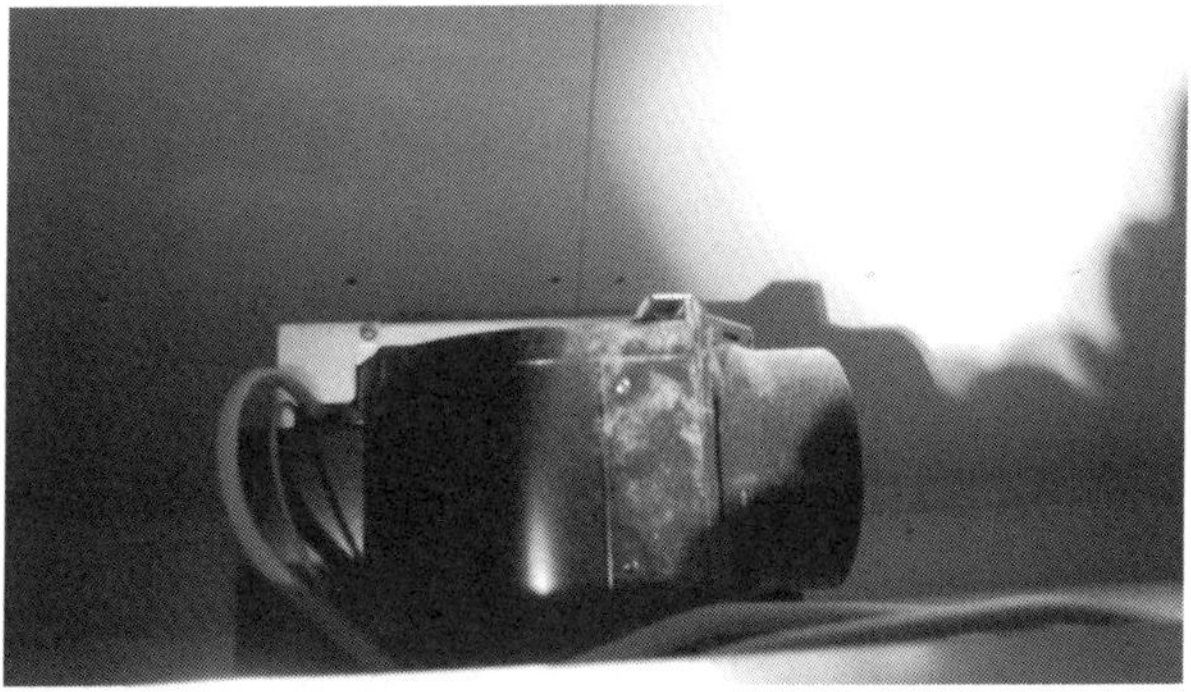

トを適切につないでもらい、その他の隙間なども売主の責任で是正してもらい無事に引き渡しを受けることができました。

建築基準法に違反する「石膏ボード」の未施工

「防火地域・準防火地域」という言葉を聞いたことがあるでしょうか。

簡単に説明すると「市街地における火災の危険を防除するため定める地域」として「防火地域」と「準防火地域」が規定されています。建物が密集している地域では、ひとたび火事になると、燃え広がって大惨事につながる危険性が高いため、都市計画上、建物の構造などを規制しているのです。

防火地域では、たとえば、階数が3階以上または延床面積が100平方メートルを超える建築物は「耐火建築物」、その他は耐火建築物または準耐火建築物としなければならないという規定があります。「耐火建築物」とは、一般的には鉄筋コンクリート造や鉄骨鉄筋コンクリート造などの建築物のことです。

準防火地域は、防火地域よりも規制は緩やかですが、4階以上の建築物は耐火建築物、3階以下の建築物は規模によって耐火建築物、または「準耐火建築」もしくは「防火構造」としなければならないと定められています。つまり、防火地域ほどではないにせよ、火災に強い建物にしなくてはならないということです。

ある40代のご夫妻が、都心のにぎやかな通りから1本入った場所にある物件の購入を検討していました。そこは準防火地域でした。

準防火地域は、東京23区ではしばしば見られます。そのエリアが準防火地域かどうかは建物の窓ガラスを見れば簡単にわかります。多くの窓ガラスが網入りのガラスになっているはずです。開口部からの延焼防止のために、20分間の防火性能（遮炎性）があるガラスの設置が求められており、網入りのガラスがよく採用されているのです。

同時に、準防火地域では、柱や梁などの木部がそのまま見えてはいけないことになっています。たとえば、ユニットバスの天井裏や、3階の天井裏を開けたときなどに、木がそのまま見えてはいけないのです。当然ながら木がむき出しになっていると燃えやすいので、不燃材の「石膏ボード」を貼ることになっています。そうすればたとえ火事になっても、燃えるまでに時間がかかることで、逃げる時間を稼いだり、燃えたまま建物が崩壊したりすることを防げるのです。

ところが、このご夫妻が買おうとしていた物件では、ユニットバスの天井裏に石膏ボードが貼られておらず、木部がむき出しになっていました。ちなみに、完了検査をすでにパスし、検査済証を取得済みの物件でした。建築基準法上は「不適格」となるべき物件であるにもかかわらず、見落とされていたのです。

石膏ボードのヌケで火が回りやすい危険な家になる

本来あるべき場所に石膏ボードが貼られていない家ということは、法律上の問題があるだけでなく、「火事の際に火が回るのが早い家」であり、危険です。

木造住宅の場合、ひとたび火事になれば火が燃え広がるのを防ぐのは困難です。窯業系のセメントでできた「サイディング」という外壁も、一般的に14~16ミリメートル程度の厚みがあって比較的燃えにくいといわれてはいますが、燃えないわけではありません。石膏ボードももちろん燃えます。ただし、正しく法にのっとった建物であれば危険を回避するための時間稼ぎはできるのです。

今、日本では、建物火災は1日に94件、15分に1件の割合で起きています。決して他人事ではありません。仮に寝ている最中に隣家が火事になってしまったとします。火災発生後、50分後に気づいたとして、もし、石膏ボードが貼っていなければ、その分早く燃えてしまい、逃げられなくなる可能性が高くなります。

準防火地域で木造3階建てを建てる場合には、外壁などに耐火時間45分以上（準耐火建築物）の性能が要求されます。つまり、その分時間稼ぎができるということです。

消防白書によると、95％の火災現場で、火災通報から15分以内に消防車が到着し、消火活動が開始されています。火災の場合は、時間が勝負なのです。

ご夫妻の話に戻しますが、結局、石膏ボードをきちんと取り付けてもらって、この家を購入したいということでした。

ところが、売主にそう伝えると、対応できないと言われてしまいました。というのも、ユニットバスが設置されている状態では、石膏ボードの取り付けができないため、ユニットバスを解体しなければならず相当な費用と負担がかかるからです。しかし、建築基準法に違反しているので、最終的には対応してもらいました。買主側にしっかりとした知識がなければ、おそらく泣き寝入りするしかなかったのではないでしょうか。

今は当時の経験から、準防火地域であれば契約前に必ず設計どおりに石膏ボードが貼られているかを確認して、万一、石膏ボード未施工の物件の場合は、私は取り扱わない（契約しない）ようにしています。

準防火地域内で不燃材が未施工の場合は、基本、不適格（違反建築）となりますが、そのような物件が比較的多く発見されています。しかも、これは、パワービルダー系の物件よりも町の工務店の建物の方で多く発見されている事例です。

ここで挙げた事例は、私が見抜いてきた欠陥・不具合のほんの一部でしかありません。

実際の市場には、軽微なものから致命的なものまで、挙げればきりがないほど多くの欠陥・不具合が潜んだ物件が流通しています。

第2章

住宅診断や完了検査でも見落とすポイントは多い建売住宅に潜む恐ろしいリスク

大胆なコストカットが品質のバラつきを招く

なぜ欠陥・不具合のある物件が流通してしまうのでしょうか。原因は、年間数千棟もの建売住宅を分譲している「パワービルダー」と呼ばれる分譲業者のビジネスの仕組みにあります。

パワービルダーとは、具体的には「初めて家を買う人たちをターゲットに、床面積30坪ほどの土地付き一戸建住宅を2000万～4000万円程度の価格で分譲する建売住宅会社」を指しています。今、このような大量生産・大量供給型の建売住宅会社が、毎年非常に多くの新築建売住宅を建て、販売しています。ある大手パワービルダーなどは、「1年に4万棟」を建てるとテレビCMでも宣伝しているほどです。実際によく売れてもいます。「安くて人気の買いやすい物件」に飛び付くのは当然の消費者心理です。

大量生産のおかげで建物のコストが合理的に下げられ、町の工務店では到底真似のできない低価格で、充実した設備の新築住宅を買える。それは買う側にとって非常にありがたいことです。

しかし、大量に造って安く販売しているからこそ、品質にバラつきが出てしまうのが実情なのです。

パワービルダーが住宅を安く提供できているのは、材料費や人件費などの原価を抑えているからです。

建売住宅の価格は土地の値段と建物の値段を合わせたものですが、皆さんは、建物の原価はいくらくらいだと思いますか。

パワービルダーの物件に限っていえば、1棟当たりの原価は850万円くらいです。「家によって違うのでは」と考える人が多いかもしれませんが、実は家による違いはそれほどありません。たしかに土地の広さはさまざまですが、建てる建物の面積（＝延床面積）は大体80～100平方メートルが一般的だからです。建売住宅の価格の差は建物ではなく、主に土地の価格と考えて間違いありません。極端にいえば、東京・世田谷で6000万～7000万円する建売と、東京郊外の八王子近辺で2000万円くらいする建売を比較しても、建物原価はほぼ同じと考えていいでしょう。多少、仕様の良し悪しはあっても、原価でいえば、せいぜい100万～200万円の違いにすぎません。

注文住宅の大手ハウスメーカーや町の工務店で80～100平方メートルほどの広さの家を建てると、建物原価で1100万円程度はかかるでしょう。パワービルダーは、注文住宅と比べて建物の原価を2～3割ほど安く抑えているのです。

平均すれば建売業界全体の品質が向上していることは間違いありませんが、こうした大胆なコストカットが人手不足や管理不足につながり、その結果、「出来の良い建物」と「出来の悪い建物」が混在してしまっています。

たとえば、10棟ある現場で1号棟から9号棟までは、「出来の良い当たり建物」であっても、10号棟は、「出来の悪いハズレ物件」という可能性があるということです。

しかも、こうしたハズレ物件は、建築基準法に基づく完了検査をも合格してしまい、見抜くことができず、瑕疵《かし》保険会社のチェックがないのが普通です。

パワービルダーは大量仕入れで価格を抑えている

パワービルダーがどのように原価を下げ、それが品質にどう影響しているのかを、より詳しく見ていきます。建物原価が下げられるのは、大きく分けて次の2つが理由です。

①仕入れ値が安い

②工期が極端に短い

まず「仕入れ値が安い」ことについてです。前述したように、ある大手パワービルダーは年間4万棟もの建売住宅を建てています。少人数の町の工務店であれば、せいぜい年間10棟程度ですから、これはケタ違いの数です。当然ながら建築に使用する資材や設備の数も莫大なものになりますから、一気に仕入れることによって一つひとつの価格は下がり、システムキッチンひとつ仕入れるのでも価格が違ってきます。システムキッチンの定価はおよそ70万～80万円です。これを一般的な住宅メーカーは40万～50万円で仕入れています。一方パワービルダーの場合は、推測になりますが10万円台で仕入れているはずです。そうしなければ、今の建売の販売価格は成立しないでしょう。

この場合、見た目はほぼ同じですが、少しだけ機能が違うパワービルダー専用仕様であることがほとんどです。たとえばシステムキッチンであれば、最近は「ソフトクローザー」といって、引き出しが閉まる直前にブレーキのようなものが利いて、静かに閉まるタイプのものが増えています。それが、パワービルダーの場合は、普通にパタンと閉まるタイプになっていたりします。気にならない人にとっては、「あってもなくてもいい」機能です。大量仕入れに加え、重要でない機能を思い切って省くことで、少しずつ価格を抑えているのです。

こうした割り切りはファストファッションや家電のOEM生産と似たようなもので、事前に把握していれば購入者が後悔するようなものではありません。ただし数千万円の価格と、より暮らしに密着した商品であることから、わずかな機能の違いに物足りなさを感じたり、後になってもう少しお金をかけていればと思うこともあるでしょう。

2カ月で1棟。購入者の後悔を招くタイトな建築スケジュール

パワービルダーが低価格で実現できているもうひとつの理由が、工期の短縮です。

一般的に3LDK、4LDKの30坪程度の広さの家を建てようとする場合、注文住宅では3~4カ月ほどかけて建築します。

パワービルダーの工期は、なんとその半分です。およそ2カ月から、それよりも短い期

間で一気に建ててしまいます。工期の短さは、人件費を削減していることの現れです。

いくら工期を短く設定しても、それを実現できなければ家は建ちません。超短期の建築が可能なのは、建物の仕様を厳密に決めておいて現場で調整すべきことを極力省き、かなりきつく作業を詰め込んでいるためです。通常は「水道業者が終わったら、次は大工が入って」といったように順序立てて職人が入っていきますが、パワービルダーの場合は、「水道業者がキッチンの工事をやっている間でも、ドアは付けられますよね。大工も入ってください」というように、できるだけ同時に作業をさせます。だから、早いのです。

パワービルダーの建売住宅は、「仕入れが安くて、工期が短い」。つまり、企業努力によって安価な住宅を供給しているといえます。

しかし、こうしたビジネスモデルは人手不足という問題を引き起こします。

パワービルダーのビジネスモデルというのは、「数区画分の土地を購入して、パターン化された家を素早く建て、すぐさま売りさばき、お金を回収する」という1サイクルを年間で2~3回転する、というものです。このキャッシュフローによって薄利多売で儲けを出しているのです。年間4万棟を大体3サイクルで割ると、常時1万3000棟を建てている計算になります。単純に考えれば、常時1万2000棟を建てるだけの職人がいないと、このビジネスモデルは実現できないということです。一人で1棟を建てるわけではありませんから、大工もクロス業者も水道業者も1万2000人必要です。そして、みんなで大急ぎでバタバタと家を造りあげていくのです。

腕のいい職人が不足している

しかし、1万3000棟すべてに関わるあらゆる職人が、皆腕のいい職人とは限りません。極端な話をすれば、腕のいい職人、悪い職人、仕事が丁寧な職人、雑な職人、経験のある職人、駆け出しの職人など、同じメーカーの同じ種類の家であっても、建てている人のレベルはまったく違うケースがあるのです。

そのため、冒頭から述べているように、どうしても建物の品質にバラつきが出てしまいます。10区画の中で、1号棟は熟練した大工が担当したために品質の良い〝当たりの物件〟が建った。しかし10号棟は、まだ駆け出しの大工が担当したために不具合の多い〝ハズレ物件〟になってしまった、ということが日常的に起きています。

先日も、あるパワービルダーの物件を見に行ったところ、内装の傷が非常に多かったので、立ち会った営業担当者に「この物件、傷や隙間が多いですね」と言ったら、「本当ですね。これは、ハズレの職人さんですね」と答えていました。

パワービルダーの営業担当者もハズレ物件があることはわかっています。しかし当然ながら、一般のお客様に「これはハズレです」とは口が裂けても言えません。

同じ会社から、同じ価格帯の家を買ったのに、隣の家は品質がよくて自分の家ばかり不具合が次々発覚して修繕費もかさんでいく。ハズレをつかまされてしまったばかりに後悔する購入者も多くいるのです。ですから、購入者がしっかりと自分の目で物件の品質を見極める必要があります。

現場監督一人で50棟。品質管理が困難なビジネスモデル

意外に思うかもしれませんが、パワービルダーは、下請けの工務店や建築会社に仕事を丸投げしているわけではありません。

丸投げすると原価は高くなりますので、「分離発注」という方法をとっています。管理

と施工を別々に行う方法です。パワービルダーは社内に工事部を持ち、社員として現場監督を抱えています。その現場監督が工事全体の費用や進捗の管理を担当するのです。そして、個人の大工に「この1棟をいくらで建ててください」と契約し、同じようにクロス業者や水道業者などとも契約します。

大量生産・大量販売を行うために採用されている合理的な仕組みですが、この仕組みが欠陥や不具合が発生する一因となってしまっています。本来現場監督というのは、施工現場を日々チェックし、ミスなどがないように管理するのが仕事ですが、何しろ一人が担当する現場が多すぎるので、管理しきれないのです。

注文住宅を建てる町の工務店にも現場監督は存在しますが、一度に担当するのは一人当たりせいぜい2～3棟です。ですから、毎日現場に顔を出し、雑な施工やミスを指摘して、その場で直すという仕事ができています。

ところが、パワービルダーの現場監督は、一人で何十棟も見なければなりません。以前話を聞いた会社では、一人の現場監督が50棟を同時に見ていると話していました。これでは当然、毎日現場に行って監督することなど不可能です。つまり、パワービルダーの現場監督の仕事の中心は、建物の品質管理ではなく、あくまでも工程管理でしかないということです。

50棟もの工程管理をしなければなりませんから、それだけで精一杯になってしまいます。「今日はここまで進んだから、次は電気屋さんを手配しよう」というように、滞りなく工程が進むように管理しているだけであり、品質まで目を向けるのは難しいというわけです。

ですから、職人のうっかりミスで設計図通りに建てられていない場合も見落とされてしまい、欠陥・不具合が生じてしまいます。

引き渡し後は自腹で修繕になる不具合に要注意

具体的にどんな欠陥や不具合が生じているかは、私がこれまでに見てきた事例をもとに第1章で紹介しました。ここで本書で取り上げる「欠陥」と「不具合」について、3つに分けて定義しておきます。

・欠陥……法規上問題のあるもの。簡単に直せないもの。基礎に入れるべき鉄筋が入っていない。準防火地域にもかかわらず不燃材の施工が不十分など。
・重大な不具合……引き渡し後でも直してくれるもの。基礎コンクリートのひび割れ。床下に水が溜まっている。断熱材の施工不良。雨漏りなど。
・軽微な不具合……引き渡し後には直してくれないもの。床の傷、壁のへこみなど。

明らかな欠陥はもちろんですが、軽い不具合も要チェックです。

「お客様自身が住み始めてから傷が付いたのか、最初からあった傷なのかわからない」などの理由で、修繕対応をしてくれない可能性があります。すると、自費で直さなければいけません。

本来であれば売主に修繕を依頼できるレベルの不具合や欠陥であっても、保証期間が過ぎてしまうと買主が自ら修繕しなければなりません。壁の内部や床下、あるいは耐震性能などの目に見えない不具合は、当然ながら大きな問題として露見しない限り気がつかないものばかりです。気づいたときには時すでに遅しで、こんなはずではなかったと泣く泣く自腹を切る人も少なくありません。

家の品質を保証する住宅瑕疵担保責任保険制度

もうひとつ「住宅瑕疵担保責任保険制度」の問題もあります。

大手のパワービルダーの物件は、他の中小の建築会社の物件と異なり、第三者による瑕疵担保保険の検査を受けていない場合があります。

平成21年に、住宅瑕疵担保履行法という法律がスタートしました。瑕疵というのは、本来あるべき機能や品質、性能、状態が備わっていない状態のことです。平たくいえば、欠陥のことを指すと考えてよいでしょう。

この法律は、新築住宅を供給する事業者に対して、瑕疵の補修などが確実に行われるよう、保険や供託を義務付けるものです。事業者は、保険に入るか、国に供託金を納めるかのどちらかを選び、何かあった際の保証とする内容になっています。

保険に入った場合には、万が一事業者が倒産した場合なども、最大2000万円までの補修費用の支払いが保険法人から受けられますし、たとえば雨漏りなどの欠陥があっても、10年間は補償が受けられます。

このため中小規模の住宅会社の場合、家を1軒建てるごとに、住宅瑕疵担保責任保険に入るのが一般的です。瑕疵保険会社は、必ず加入対象物件の瑕疵の検査を行います。この検査の多くは、建築中の建物に対して行われます。

大手パワービルダーの建売住宅は確認工程がひとつ少ない

このように住宅瑕疵担保責任保険に入っている物件では、完了検査と住宅瑕疵担保責任保険会社の検査のダブルチェックを受けることになります。

ところが、大手のパワービルダーは、瑕疵保険に入らず法務局に保証金を供託するのが一般的です。供託の場合には、売主が倒産したあとに瑕疵が見つかった際、法務局が購入者に対して、還付という形で金銭的な補償を行うことになります。当然、瑕疵保険会社の検査は受けずに、完了検査を除けば自社のみで検査を行うことになります。自社検査だけではどうしても甘くなってしまうのです。

大手パワービルダーが供託を選ぶ理由は、コストです。保険の場合は、1軒当たりの保険料として8万円程度かかります。一方で供託金の場合は、1棟しか建てない場合はかかなり高いのですが、多く建てるほど割安になる仕組みになっています。10年で1棟引き渡した場合は2000万円。10年で10棟引き渡した場合は3800万といった形で、多く建てるほど供託金が割安になっていきます。年間に数多くの物件を建てる大手パワービルダーは、当然、安い供託のほうを選ぶのです。

まかり通る「ノークレーム・ノーリターン」の売買契約

前項までで述べたような事情から、傷、汚れ、隙間が多い建売住宅は、今でも数多くあり、流通しているのが実情です。

それくらいは大した問題ではないと思う人もいるかもしれませんが、言い方を変えれば、雑な建て方をした物件が多いということです。雑に建てているということは、目に見えないところに手抜きが潜んでいる恐れもあるのです。

この軽度と思われる不具合に関して、何でもかんでも現況優先にしようとする傾向が一般化してきているのも、大きな問題です。

通常、売買契約を締結する前に、仲介業者によって「重要事項説明書」が作成されます。

これは、買主に対して、購入予定の物件や取引条件に関する重要事項の説明を行うというものです。そこに書かれているのは、主に「対象物件に関する事項」と「取引条件に関する事項」で、買主はその内容を理解したうえで購入するかどうかの最終的な判断を下すことになります。

多くの場合、重要事項説明書の最後には備考欄・特記事項という項目があります。一般的にこの項目には、「周辺の土地は第三者の所有地のため、将来建築物が建築されて環境が変わる可能性があります」といった内容や「図面と現況が異なる場合は、現況を優先します」というようなことが記載されます。昨今、その備考欄に「『目に見える範囲の生活に支障のない傷、汚れ、隙間などは現況優先です。』と書いてください」と売主が指示することが一般化しているのです。

わかりやすくいうと、「多少の傷や隙間を発見したとしても、現況が優先ですから直しません。ノークレーム・ノーリターンでお願いします、と書いてください」と言っているようなものなのです。これは買い手側からすれば恐ろしいことです。

買い手は、この説明を聞いたあとに、「重要事項の説明を受けました」とサインをし、内容に異論がないことを表明したうえで、売買契約に進むことになります。もし現況優先の条件をのんでサインをしてしまえば、「隙間も傷も納得のうえで買います」という意図にとられかねない事態になるのです。

このような事態を回避するためにも、売買契約を行う前にその内容を改め、後々問題にならないよう、しっかりと欠陥・不具合をチェックしていく必要があるのです。

完了検査や住宅診断では欠陥・不具合は見抜けない

一般的な不動産会社や建築会社は、「この建物大丈夫ですか?」と問うと「完了検査を受けているので問題ないです」と答えます。

いかにも第三者がしっかりとチェックしているように聞こえますが、実はこの完了検査にも大きな落とし穴が存在しています。

新築の家を建てるときは、行政(建築主事が存在する市区町村)や国から指定を受けた建築確認検査機関が建築基準法に基づいてチェックして、「建築確認済証」という書類を発行します。着工前に、設計図を見て、建築物などの建築計画が建築基準法令や建築基準関係規定に適合しているかどうかを審査し、ＯＫの場合、「建築確認済証」を出すというものです。建築確認済証が発行されて初めて、建物が建てられます。建てたあと、最終的に「建築確認済証」通りに建物が建ったかどうかを検査しに、再び、建築確認の検査をした建築確認検査機関の検査員が現地にて完了検査を実施します。そのうえで問題がないと判断されると、検査済証を受けることができます。一見すると、国が検査したのだから大丈夫だと思ってしまいますが、この完了検査は、建築確認済証通りの建物が建っているかどうかを見るだけなのです。

細かくいえば、まず外観では、敷地と建物の配置や斜線制限などが確認図面通りに建築されているかを確認します。室内では、間取りや開口部（窓）が、確認図面通りに建築されているかを確認します。そのような検査だけなのです。

原則として完了検査では、床下や天井の点検口を開いての点検や検査を行いません。また、「床が軋んでいる」「建て付けが悪い」といったチェックは、まったく話題にのぼりません。

ここで問題がないと判断されると、合格（検査済証）が出ます。つまり、設計図と同じ間取りで建っていて、配置が法的に問題なければＯＫが出てしまうということです。

ですから、断熱材や不燃材の施工不良があったり、極端にいえば「雨漏り」や「床の傾斜」があっても完了検査で検査済証が発行されてしまうということです。

また昨今、ホームインスペクター（住宅診断士）などの住宅に精通した専門家に、第三者的な立場から家を診断してもらう人も増えています。しかしこれらの診断もまた、主に目視による住宅のチェックが中心であるため、壁の中がどうなっているかといった点までは確認することができません。

つまり、たとえば壁の中に本来は入っているべき断熱材が入っていなかったとしても、それを見抜くことはできないのです。

安価な建売でも質の高い家を選べば40～50年は安全

ここまで建売住宅のリスクについて解説してきましたが、パワービルダーが建てた建物であっても、質の悪いものさえ避ければ、おそらく最低でも40～50年は問題なく住めるはずです。私がこの業界に入った約20年前はバブル崩壊直後でしたが、当時の物件と比べても、かなり性能は上がっています。

たとえば、地盤に対する考え方が変わりました。約20年前には、家を建てるときは、「ここはもともと駐車場だから地盤がよさそう。特別なことはしなくても問題ないでしょう」といった感覚的な判断で、詳しい検査も行わずに住宅を建てるのが一般的でした。現在は、家を建てる前には必ず第三者の地盤調査で地耐力を見ます。地盤がどの程度の荷重に耐えられるかを調査するのです。N値が2・0以上となれば建築が行われますし、地盤が悪い場合には、必ず地盤改良を行います。数字に基づいた合理的な判断が行われるようになったのです。

また、家を建てるにあたって土台となる基礎は、かつては20センチメートルの高さが主流でした。それが、15年ほど前に30センチメートルになり、今は40センチメートルになりました。つまり、おおよそ20年前に比べて倍の高さになったのです。高くすることによって地面の湿気が家に上がってこなくなりますので、カビなどから家を守ることができます。また、かつては風穴といって、風通しをよくするために、等間隔で基礎に穴が開いていました。穴があると強度が弱くなることから、今は、基礎にパッキンを載せ、その上に木の土台が載ります。そうすることで、全体的に隙間を作りつつ、通気する仕組みにしているのです。40センチメートルあれば人が床下に潜っていけますので、メンテナンスもしやすくなります。

床の性能もよくなっています。かつて床材は、12ミリメートル厚のフローリング材を、根太《ねだ》という下地に直接施工していましたので、床の厚みは、12ミリメートルしかなく頻繁に軋みがありました。しかし現在では、24ミリメートル厚の構造用合板の上に12ミリメートル厚のフローリング材を施工するようになり合計36ミリメートルとなりましたので、設計通り施工されていれば、1平方メートル当たり1８０キログラムの重さにも耐えられる頑丈な床になりました。

壁に関しては、昔はモルタルを塗ってその上に吹き付けをしていましたが、今は「サイディング」という窯業系パネル材を貼る方式がとられているため、ひびが入る心配が少なく、メンテナンスの手間も減っています。

屋根については、かつては瓦がよいとされていましたが、現在は、「スレート瓦」や、「アスファルトシングル葺き」というものが採用されて、以前の6分の1から5分の1の軽さになりました。これによって、耐震性能が高くなりました。

このように、以前と比べて建売住宅全体の質は向上しており、傷むところが格段に減りましたので、たとえほったらかしていても、10年ぐらいであれば何の問題もないでしょう。低価格であっても、欠陥や不具合さえなければ以前よりはるかに長持ちする仕様になっているのです。

ですから私は、建売住宅の購入自体を否定するつもりは毛頭ありません。検討段階で欠陥・不具合をしっかりと見抜いて、質のよい建売住宅を購入することが肝心なのです。

［第3章］

壁の中、床の下……
施工者の〝うっかりミス〟を
見逃さない22のポイント

欠陥や不具合の大部分は施工者のケアレスミスが原因です。それがたとえ細かなミスだったとしても、甘く見てはいけません。長い年月をかけて建物をむしばみ、日常生活に支障をきたすような問題に発展する可能性もあるからです。

皆さんに知っておいていただきたいのは、たとえ、建築の素人であっても、見るべきポイントを押さえて丁寧にチェックしていくと、施工がきちんと行われているかどうかを見抜くことができるということです。

きちんとした仕事によって建てられた家は、特別な装飾などはなくても、あるべきものがあるべき場所に設置され、必要十分な造りになっているはずです。この〝必要十分〟を満たしているかを確認できなければなりません。

本格的な調査には専門的な機器が必要ですが、本章では、そういった機器による調査も含めて、簡単に実践できるチェックのポイントを、「外壁」「建物の見えない箇所」「室内」「水回り」に分けて紹介していきます。

この知識をもとに内覧すれば、購入後に後悔する可能性はグッと低くなるはずです。

〈外壁〉

ポイント①　外壁の継ぎ目にひびはないか

家の見た目はとても大切です。もちろん、デザインがカッコいいとか、豪華な装飾が施されていることを言っているわけではありません。同じ建材を使って、同じ設計プランで建てられた家でも、施工業者が違うと、まったく同じに仕上がるとは言い切れません。施工をする職人の熟練度、真面目さ（ときには、残念ながら不真面目さ）、現場の監督と職人との人間関係といった、買い手の側からはうかがい知ることができない部分が、家の見た目に現れてしまうのです。

家の外観でまずチェックすべきなのは外壁です。

建売住宅で一般的に使われている外壁は、サイディングボードです。その素材は大きく3種類に分けられ、セメント、セラミック、金属が主原料となっています。パワービルダーが使っているものは、耐水性や耐火性、耐久性での基準を満たして規格化されたサイディングボードです。この場合、工場生産であるため品質が均一であることや、価格が安く抑えられているメリットがあります。特別なタイプを選ばない限りは、安全性には問題はないはずです。

サイディングボードは、下地に釘（サイディング釘）で取り付けていきますが、釘を打つ場所は、合《あ》い決《じゃく》りと呼ぶ継ぎ目の部分から20ミリメートル離して打つように決められています。しかし、これが守られず、継ぎ目に近すぎる場所に打っている場合があります。

継ぎ目から近すぎる場所に釘が打たれていると、周辺のサイディングボードに割れや欠けが発生してしまいます。また、工事業者によっては、サイディング釘をきちんと最後まで打ち込んでいないこともあります。釘の頭が飛び出していると、何かのときに体に触れて、けがをすることがあり、とても危険です。こうした点もチェックしてください。

継ぎ目から20ミリメートル未満であっても、サイディングが割れていなければ通常は問題ありませんが、割れていた場合は売主側に何らかの補修を要請する必要があります。

［図表7］ サイディング釘打ち

●良い例　継ぎ目から20mm離れている

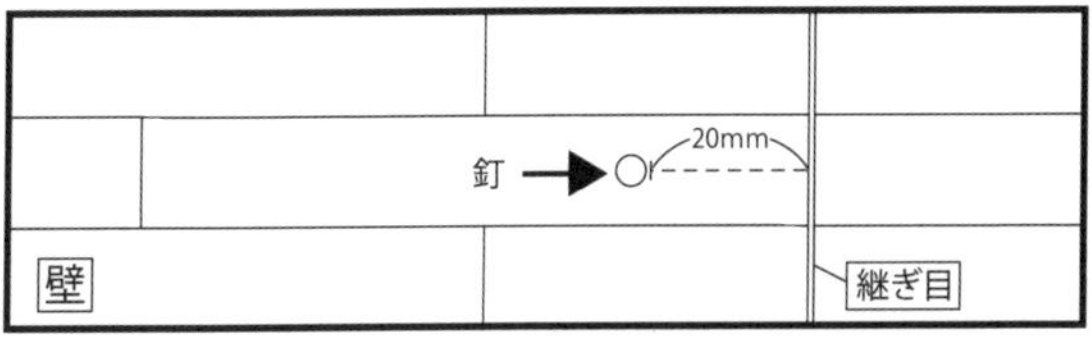

●悪い例　継ぎ目に近くひび割れがある

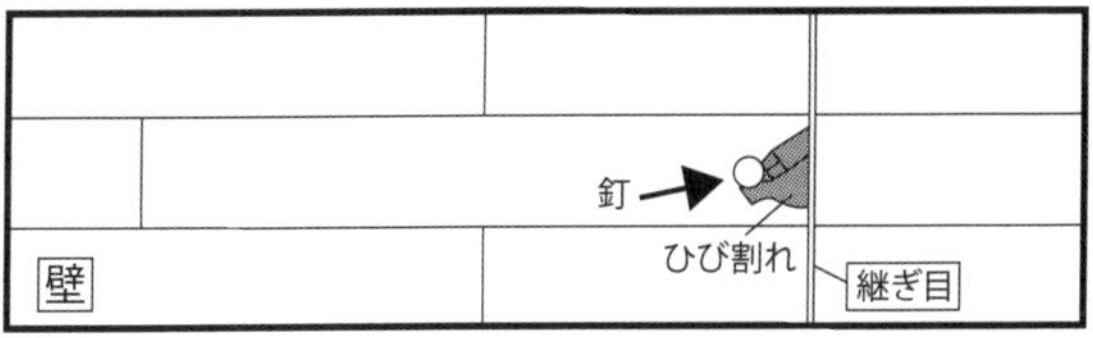

ポイント②　外壁と水切りの隙間が開いていないか

外壁の下部と水切りとの間は、隙間を作るように決められています。この箇所は、外壁の内側に防水シートが貼られている構造になっています。これは、万が一、外壁の内側に水が入り込んでも、防水シートを伝って下から水が流れ落ちることで、さらに内側へと水が浸入しないように防ぐためです。

しかし、この隙間がとられていないケースがよくあります。これでは、壁内の通気が悪くなるだけでなく、壁内部に入り込んだ水の逃げ場がありません。壁内部に水が浸み込むと、カビの原因になります。カビの発生は、家を傷めてしまうだけでなく、住んでいる人のアレルギー症状を引き起こすこともありますし、良い点は何もありません。

家の造りは、すべて理由があって決められていることばかりです。これらを見落としたまま工事が行われてしまうと、家の寿命を縮めてしまうことになりかねません。もし、この状態であれば、速やかに売主に是正するよう依頼する必要があります。

［図表8］ 外壁と水切りの隙間

●良い例　隙間が開いている

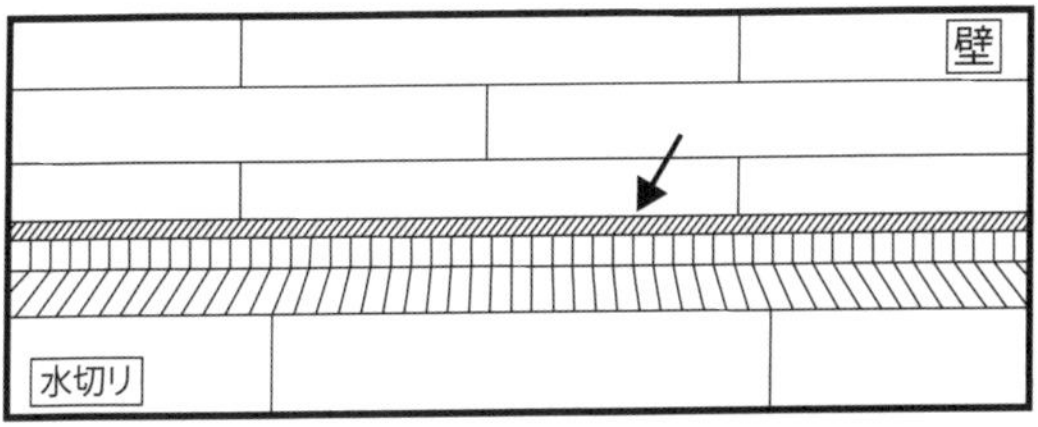

●悪い例　ぴったりとくっついている

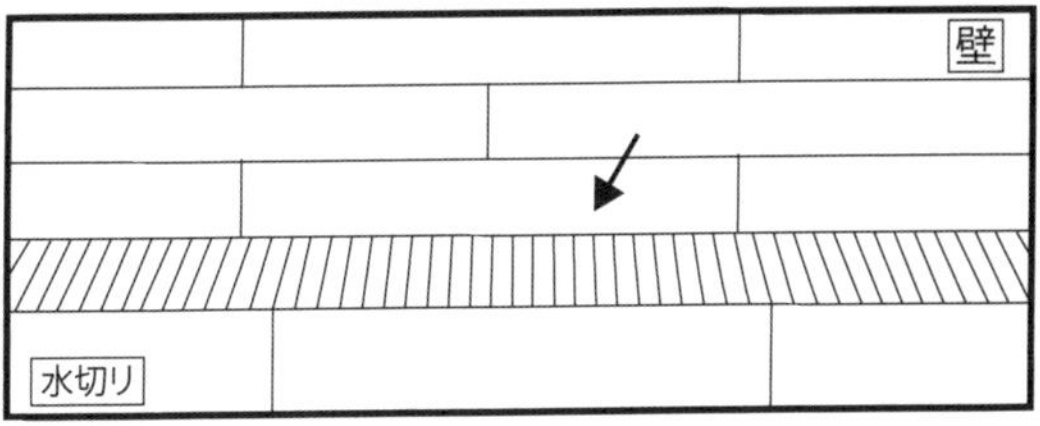

また、防水シートを貼る場合は、端を１００ミリメートルずつ重ねるように決められています。防水シート本体にも、目安として１００ミリメートルの線が印刷されていて、わかりやすくなっているほどです。しかし時折見られるのが、この防水シートの重なり不足です。理由はいくつか考えられます。雑な仕事をする職人が、きちんと必要分を重ねなかったのかもしれません。あるいは、重ねる分を少なくすれば貼るシートの量を少なく抑えられますから、少しでもコストダウンをしようと、あえて行われているのかもしれません。

重なり不足によって、防水シートの内部にまで水が入り込んでしまう可能性が出てきます。先ほども説明しましたが、それによってカビが発生することは、家の寿命を考える面からも、健康面からも避けたいところです。

外壁の内部のチェックは、建築途中でなければできません。もし、気になっている物件がある場合は、外壁の釘打ちをするよりも前の段階で確認するようにしてください。

[図表9] 防水シートの重なり

●良い例　点線の位置まで十分に(100㎜)重なっている

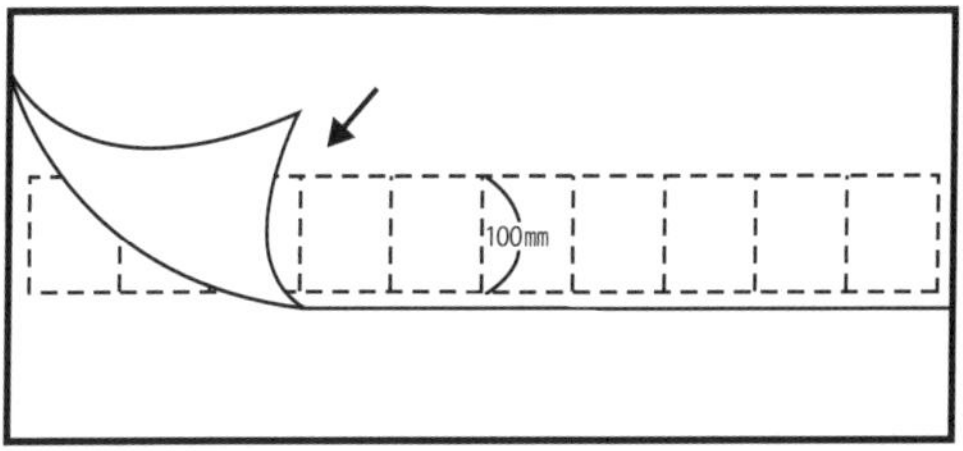

●悪い例　重なっていない、または重なりが不足している

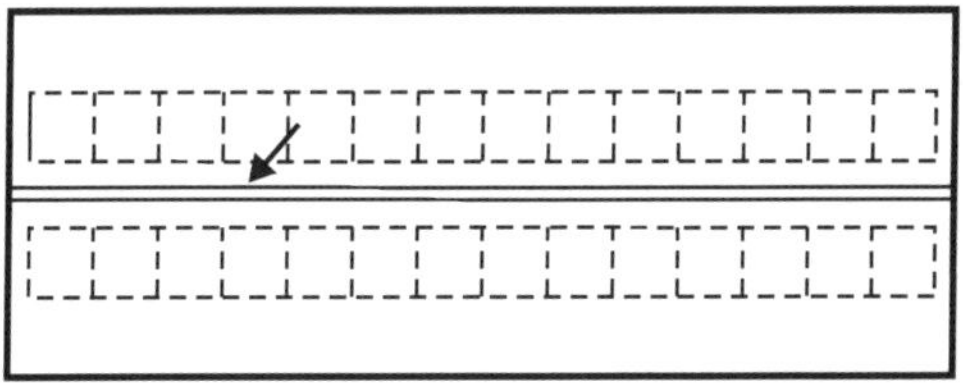

ポイント③　ホールダウン金物のネジは十分に締まっているか

家の造りは、下から順に「基礎」↓「土台」↓「柱」となっています。この柱を留めているのが、ホールダウン金物という大きなネジです。

文字通り土台ですから、このネジがしっかり留まっていないと、土台が揺らいで家そのものの安全性が損なわれます。

ここでチェックしたいのは、ネジを留めるナット部分です。ナットは締めた状態でネジ山が3山分以上見えていないといけないことになっていますが、ネジのギリギリ上部で留められていることがあります。住宅の安全性を考えれば、きちんと締め直してもらわなければなりません。

これについても壁の内部と同様に建築中でなければ見られない箇所ですから、建築途中で自ら確認に行くことをおすすめします。もしホールダウン金物のナットが緩んでいた場合でも、適切に締め直せば問題はありません。

[図表 10] ホールダウン金物の施工

●良い例　ナットがしっかり留まっている

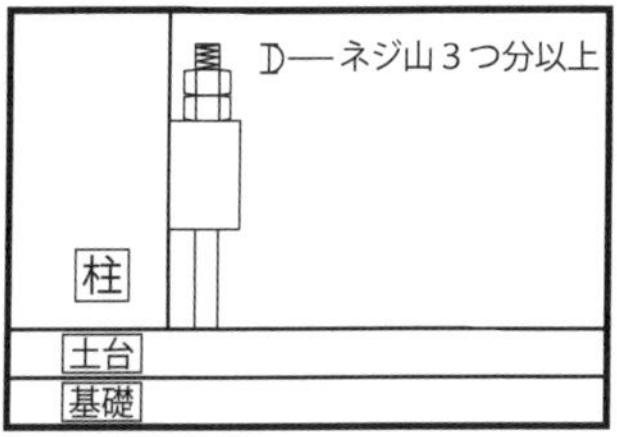

●悪い例　ナットが取れかかっている

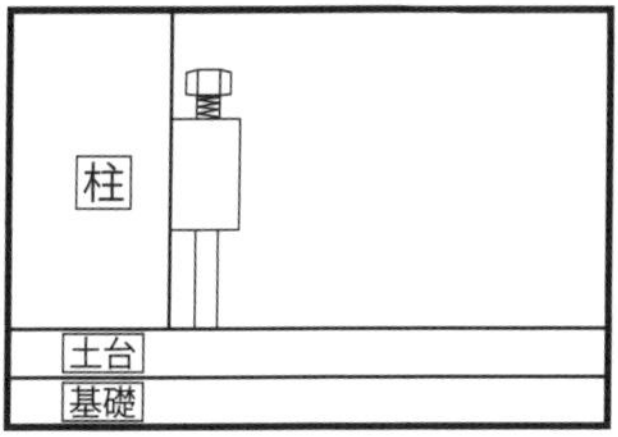

ポイント④　基礎部分のひびは要注意

木造住宅の場合でも、家の基礎はコンクリートでできています。コンクリートの強度不足は家の安全性を著しく低下させるので、基礎に不具合がある場合は深刻です。

皆さんは、「しゃぶコン」という言葉を聞いたことがあるでしょうか。コンクリートは、セメント粉と水、砂を混ぜて作りますが、コストを下げるために水を規定の量よりも増やして、〝じゃぶじゃぶ〟の状態にすることを指した言葉です。これでは基礎の部分に本来必要な強度を実現できません。コンクリート自体の強度は見た目だけで判断することが困難です。「しゃぶコン」ではないものを使っているかどうかは、非破壊検査などの建物診断をしなければわかりません。

見た目で判別できる不具合は、コンクリートのひびです。

建売住宅の基礎部分は、まず金属の型枠を組み、その中にコンクリートを流し込んで造りますが、流し込んで固まった状態のままでは表面がギザギザで見た目が美しくありません。そこで、モルタルを重ねて左官仕上げをします。文面ではイメージしにくいかもしれませんが、たとえばケーキの周囲に生クリームを塗って、なめらかに整える処理に近いものです。

コンクリートは、固まる際の収縮や温度差による伸縮で、幅0・3ミリメートル以下のひび、通称ヘアクラック（髪の毛程度の細いひび）が入ることがありますが、これはそれほど大きな問題ではありません。注意しなければならないのは、その幅と深さです。たとえば太さ0・5ミリメートルのシャープペンの芯をひび割れ部分に差し込んでみれば、ひび割れのおおよその幅がわかります。芯が差し込めない程度であれば、おおよそヘアクラックと判断して問題ないレベルだといえます。

一般的な住宅診断でもひびの幅は測定されますが、幅が0・3ミリメートル以下のヘアクラックだったとしても、どれだけ深いひびであるかはわかりません。より専門的な診断では、「超音波クラック深度測定器」を使ってコンクリートのひびの深さを計測します。これによって、コンクリート内部のひび割れ、ひびの深さ、空隙、均質性などを測定することができます。こうした非破壊検査によって、施工状況の詳細を確認していきます。

ひび割れの深さについては、残念ながら一般的な住宅診断などでも調べることができません。不安がある場合はクラック深度測定器を使って高度な建物診断ができる業者に依頼すべきでしょう。

万が一、ヘアクラックと呼べないレベルの大きなひび割れがある場合、クラックから基礎コンクリート内部に空気と水分が浸入して内部の鉄筋を腐食させたり、冬場では、クラック内部に浸入した水分が凍結して膨張することにより基礎コンクリートにダメージを及ぼす可能性があります。

内部の見えない部分は、購入者が自分で調べようとしても限界があります。かといって専門家が調べる際にも、購入前の物件を破壊して内部を調べるわけにはいきません。

そこで、〝建物を破壊しない＝非破壊検査〟によって精度の高い住宅診断を行います。そのひとつが、コンクリートの強度を検査する「シュミットハンマー」を使った診断です。これは、器具の先端を少し出した状態でコンクリートの基礎にグッと押し付けて、戻ってくるときの衝撃の反発力で、コンクリートの強度を調べるというものです。この機器を使ってコンクリートの基礎部分を複数箇所で測定し、平均値を出します。これによって、コンクリートの圧縮強度の測定ができます。コンクリートは施工後27日で固まるので、施工から約1カ月後には調べることが可能です。

住宅の基礎以外の部分でコンクリートを使用している箇所が、もうひとつあります。土砂崩れを防ぐための擁壁《ようへき》です。関東地方でいえば、坂や崖が多い神奈川県では、宅地を造成する際に擁壁をコンクリートで造ることがあります。

地盤の安定化のために行われるわけですから、その強度は極めて重要です。前述した「しゃぶコン」のような水分の多いコンクリートで造った壁にひびがあると、土のほうから水が浸み込んでしまい、強度が損なわれてしまいます。

この場合も見た目で判別することは不可能なので、「赤外線サーモグラフィー」を使ってコンクリート表面の温度変化を0・1度単位で測定します。他の箇所に比べて温度が低くなっている箇所は、水分が含まれている可能性があります。水分が存在する可能性のある箇所を把握したうえでシュミットハンマーを使った診断を行えば、より精度の高い強度の測定が可能です。

ポイント⑤　ドア・窓枠の細かなキズは証拠を記録する

家が完成すると、それまで建築工事に使っていた足場を解体します。このときに起こりがちなのが、足場をぶつけてドアやサッシにキズをつけてしまうことです。新築物件の場合には、こうした小さなキズひとつについても、引き渡し前に確認するようにしてください。住宅の性能や安全性に直接的な影響はありませんが、住宅の購入は一生に何度もない大きな買い物ですから、可能な限りダメージのない状態で手に入れたいと思うのは当然です。もし、引き渡し後に気づいた場合は、パワービルダー系の建売業者の場合は、原則的に傷、汚れ、隙間の類は、補修してもらえませんので注意が必要です。

こうしたキズを見つけたときには、図面に書き込んだり写真を撮るなどして記録を残しておいてください。1カ所だけなら目をつぶってもいいと思えるかもしれませんが、傷がひとつあるということは、それだけ雑な工事が行われていて、複数の箇所にダメージが潜んでいる可能性があります。施工者の過失であることを正確に指摘するためにも、メモや写真で記録しておくことを忘れないようにしてください。

小さなキズをつけても気づかずにいる施工業者だということは、他の箇所についても同じようなことが起きている可能性が高くなります。「このぐらいは仕方ない……」と見逃さずに、小さなキズひとつから大きな瑕疵を発見することにもつながると考えて、念入りにチェックしましょう。

〈建物の見えない箇所〉

ポイント⑥　素足で床の感触を確かめるのが基本

次に、建物内部のチェックポイントを解説します。

建物にとって、見える部分の良し悪しが大切なことは繰り返し述べてきましたが、見えない箇所はさらに大切です。長く安全・快適に暮らすために求められる家の機能や安全性に関する部分は、基本的に内部に入っているからです。水回りや電気の設備、断熱、防水などの施工状態に関しては、一般の人はなかなか見る機会がありません。建売住宅の場合はすでに完成している物件を見るわけですから、内部に納められている設備などがきちんと施工されていると信じるしかないというのが実情です。

通常、内部を確認する際には、チェックポイントを押さえたうえで、厳しい目線で臨まないと、気づかずに通り過ぎてしまいがちです。賢く、確実にチェックすることで、買ってから後悔することがないようにしてください。

まず建物の中を確認する際は、スリッパは履かないでください。不動産会社に案内される場合、通常は玄関に用意されているスリッパを履くことをすすめられるでしょう。ごく当たり前のサービスですが、スリッパを履いて歩くと、床の感触がわからなくなります。特別な測定器具を持っていなくても、指先に感覚を集中しながら床を歩くことで気づくことは少なくありません。

・床の傾き

・フローリングの浮き
・床のキズやへこみ

これらのチェックポイントは基本中の基本ですが、ゆっくりと歩きながら、床の施工状況を確認していきましょう。そのためにも、物件を見る際は時間にゆとりを持ってスケジュールを組むことをおすすめします。いくつも物件を見ようとすると焦ってしまいますので、注意してください。

もっとも、暖房器具が何もないフローリング床はかなり冷えますので、体調とも相談しながら進めてください。靴下だけではつらい方は、足裏の感覚をつかめる薄手のスリッパを履いたうえで、床を意識しながら歩いてもいいでしょう。

ポイント⑦　床下の水漏れは大問題

床下の水漏れは、建売住宅のトラブルの代表例のひとつです。

家の1階部分には、床下点検口や収納庫がありますので、ここから床下の状況を確認することができます。

床下収納庫の場合は、ふたを開けて、はめ込まれている収納庫を外します。特別な工具は必要ありません。

次に、床下を見るのですが、その前にやるべきことがあります。細かいことですが、上着の胸ポケットを確かめておきましょう。床下をのぞき込んだ際に、転げ落ちるようなものは入っていないでしょうか。携帯電話やペンなどは、ポケットから必ず出しておいてください。

それでは、いよいよ床下へ頭を入れてのぞき込んでください。懐中電灯を持参していると、奥まで確認できるのでおすすめです。

ここでいちばん多いトラブルが、水漏れです。チェックすべきは、次の点になります。

- 床下は、水漏れしていないか
- 湿気を感じないか
- カビ臭さを感じないか

建売住宅は、注文住宅にくらべて工期が短く、1棟当たり2カ月程度の突貫工事で建てられている場合が多くあります。突貫工事で建てられることによる弊害は少なくありません。

基礎工事の段階で雨が降ると、本来はしっかりと乾燥したことを確認して先に進みますが、工期が限られている場合はそれを待てません。注文住宅の場合は時間をかけて建てますから、自然に乾燥していく時間がありますが、建売住宅の場合はその時間がないのです。乾燥を待たずに工事を続行していくと、濡れた基礎の上に家が建つこともあります。

基礎のコンクリートに水が残っていないか、または、湿気からカビを発生させていないか、自分の目と鼻をフル稼働させて、確認してください。

実際に私が診断を行った物件でも、床下を開けると水が溜まっていてプールのような状態になっていたことがありました。排水管の接続部がきちんとつながっていなかったのが理由です。ここまでひどい例はめったにありませんが、少しでも漏れていると、じわじわと建物の寿命と私たちの健康に悪い影響を与えていきます。

湿気を含んだ状態で建築が進むと、もうひとつ問題があります。

木は水分を含みますから、通常の状態でも、梅雨時と冬の乾燥時とでは、含有水分量が大きく変わります。通常は15％以下が正常で、梅雨時に20％、乾燥時に3％ぐらいまで動く幅はありますが、この範囲であれば適当な含有水分量といえるでしょう。

ところが、濡れた状態を放置して、必要以上に湿気を帯びたままで工事が進むと、床下に湿気がこもった状態が継続します。これが徐々に乾燥すると、水分を含んでふくらんだ木が乾燥してやせていきます。これによって、施工時にはなかった隙間が生じてしまいます。

床を踏んだ際にきゅっきゅっと床鳴りがしたり、軋んだりする場合には、床下の乾燥がきちんと行われているかを、細かくチェックしたほうがいいでしょう。

家を検討する時期によって、重点的にチェックする箇所は変わります。梅雨時なら床下、中でも基礎のコンクリート部分を念入りに見てください。冬の乾燥している時期には、すべてが収縮していますから、どこに隙間があるか、空き具合はどうかを細かく見るようにしましょう。

万一、床下の水漏れがあった場合でも、適切に乾燥してもらえば購入自体に問題はありません。ただし、きちんと乾燥されたかを確認するためにも、引き渡し前に必ず木部の含水率を計測して数値的に判断する必要があります。

私が行う住宅診断では、床下で水漏れが起きていないかを見て、カビ臭さを確かめることに加えて、含水率測定器を使って入念なチェックを行います。

床下の木の部分に測定器の針を刺すと、含水率を数値で見ることができます。何も問題のない家の場合は、乾燥している冬の時期で0～3％。夏でも20％程度です。しかし、床下が濡れて湿気がこもった状況だと、これを大きく上回る数値を示します。その場合は、施工業者があらためて乾燥させなければならないレベルだということになります。

一部だけの軽度な水濡れであれば、2～3日程度で乾燥します。床下全体の水濡れであれば、1週間は乾燥させる必要があります。契約する前に発見した場合は、できれば他の物件を選んだほうが無難です。

ポイント⑧　パイプの貫通部はきれいになっているか

家の床下には、水道管やガス管などのさまざまなパイプが走っています。これらの施工が雑に行われていると、大きな事故につながる場合もありますので、要チェックです。

パイプはコンクリートの基礎に穴を開けて通しています。通常は、パイプの周辺部がパテできれいにふさがれた状態になっていますが、ときとして、基礎に無理やり穴を開けたようになっていて、パイプ周辺部に隙間ができてしまっているケースがあります。

これでは、基礎の強度が保てません。「貫通部の施工不良」です。基礎内部の鉄筋を切ってしまっている場合は、重大な瑕疵として購入を断念したほうがいいと思います。それ以外の場合は、モルタルやエポキシ樹脂などで適切な補修をしてもらえば問題ありません。

ポイント⑨　断熱材は入っているか

フローリングの下には断熱材が貼られていますが、これがきちんと納まっていないことがあります。また、床下点検口付近の断熱材の貼り忘れも高い頻度で見かけます。

床下からのぞき込むと断熱材が貼られている様子を実際に見ることができるので、目視で確認してください。また、雑な貼り方をしたために、断熱材が垂れ下がっていることがあるので注意して見てください。もし問題が発覚した場合でも、引き渡しまでに修理してもらえるように交渉すれば間に合いますので、チェックさえしっかり行えば過剰な心配はいりません。

また、完成後に目視で確認できない箇所の断熱材の施工状況については、内部の温度変化を調べることによって確認します。たとえば「赤外線サーモグラフィー」を使った温度測定がそのひとつです。

木造住宅の場合、壁や床に断熱材が入っていないと断熱効果がゼロに等しく、暑さや寒さがダイレクトに建物内に伝わってしまいます。外気温との差や測定箇所の状況比較から、断熱材の有無を確認していくのですが、実際に、この温度測定によって、断熱材が部分的に欠落したり、貼り忘れていたといった施工不良を発見したケースもあります。

ポイント⑩　床下のゴミは要注意！

雑な工事が行われた場合は、工事中のゴミがきちんと片付けられていないことがあります。危険物が落ちていないか確認してください。また、ゴミが落ちているような工事が行われた場合は、全体を通して雑な工事が行われたことが想像できます。

基本的にはゴミを片付ければＯＫですが、床下などの見えない部分が汚い場合は、いい加減な職人が施工した可能性がありますので、他の箇所も入念に建物診断するようにしています。たかがゴミと思われるかもしれませんが、現場を細やかに確認している人がいないということですから、施工業者への信頼性は低く感じられるでしょう。こうした見えないところから、厳しく見ていくことが大切です。

また、中古住宅の購入も視野に入れている場合に注意していただきたいことがあります。現在、新築住宅に関しては、基礎はコンクリートになります。土台となる部分にコンクリートが流し込まれていますので、直に土が露出しているわけではありません。

しかし、古い住宅の場合は、床下が土のままになっている「布基礎《ぬのぎそ》」の場合があります。この場合の床下でチェックしていただきたいのは、家を支える土台の束石《つかいし》と束のズレです。つまり「木製束取り付け不良」です。このズレは、家そのものを揺るがす大問題ですから、もし発見された場合は購入しないほうが無難でしょう。

〈室内〉

ポイント⑪　住宅に入ったらまず角を見る

家の快適さは、室内の仕上げで決まります。不具合を感じながら暮らしていくことは、大きなストレスになりますし、小さなイライラが募って家族間に不和を生む原因になるかもしれません。

せっかく新築の家を購入したにもかかわらず我慢を強いられる羽目にならないように、事前に厳しくチェックしていきましょう。そのための見分けるポイントを解説していきます。

住宅の内覧などを行う際に、皆さんでも建物の品質、職人の腕を見分けられるポイントがあります。玄関を入ったら、まず「入隅《いりずみ》」を見てください。入隅とは、部屋の角の隅のことを指します。この部分の角材の結合箇所に不自然な隙間ができていないかをチェックするのです。

入隅には建築に携わった職人の腕が表れます。隙間が開いている場合は、言葉は悪いですが、経験の浅い下手な職人であるか、もしくは時間がなくて雑に済ませているかのどちらかである可能性があります。大きな問題ではなくとも、家全体の仕上がりをチェックするためには、最初に見ておきたい場所です。

専門家である私たちはもちろんですが、建築に詳しい人なら、初めての家ではまず、「入隅」から見ます。良い家か、雑に建てられた家かを見極める箇所といっても過言ではありません。

また、クロスを貼る際に入隅に継ぎ目ができてしまっている場合も多いので、隙間が開きすぎているとさらに目立ちます。木は含有している水分量によって伸縮しますから、冬の乾燥している時期と梅雨時では隙間の開き具合も違ってきます。見る時期によって、ある程度の動きはあることを考えのうちに入れておく必要があるでしょう。

住宅の角の引っ込んだほうを「入隅」と呼ぶのに対して、出っ張った角は「出隅《ですみ》」といいます。この「出隅」や「入隅」部分の角部分の巾木や廻《まわ》り縁《ぶち》などは、左右の木材を斜め45度にカットして突き合わせるのが本来の職人の手法です。しかし、職人によっては、この手法をもとから知らないのか、斜めにカットする手間を省きたかったからなのかはわかりませんが、直線にカットした面を垂直に合わせている場合があります。

これは欠陥とまではいいませんが、新築であるにもかかわらず出隅の隙間が大きく開いているのは質の低い家であるひとつの目安です。経験の浅い職人が造った、工期の短い家だということが一目でわかってしまいます。

長く住んでいるうちに家が揺れたりすることで、少しずつ隙間はできるものですから、中古住宅の場合は、ある程度の隙間があって当然です。ただし、極端に開いているものは論外です。

建物の入隅や出隅の隙間は、よほどひどい状態でない限りは見た目の問題だけで済みますので、同色系のコーキング材で補修してもらえば大きな問題にはなりません。

ポイント⑫　家や床は1000分の6以上の傾きはアウト

家や床の傾きは、住宅の欠陥・不具合の代表例です。テレビ番組などで、ピンポン球を置いて傾きを確かめる様子などを見たことがある人も多いでしょう。

家が傾いていると、ドアなどの建て付けが悪くなったりという不便があることに加えて、ひどい場合は人体にも悪い影響があります。ずっと傾いた状態で暮らしていることで平衡感覚がおかしくなってしまったり、目まいを起こしたりすることがあるのです。

家や床が傾いているかどうかの目安は、数字でいえば、1000分の6の傾斜までは許容範囲です。この数字以下なら暮らしていて不都合はありませんし、体に異常を感じることもないでしょう。

家や床の傾きは、普通に立ったり歩いたりするだけでは、なかなかわかりません。また、木造住宅においては、不陸《ふりく》といって、床には、わずかな傾きや、多少波打っている状態が一般的でもあります。

そこで、特別な道具を使うことなく、自分で家の異常な傾きを確認する方法がいくつかあります。

ひとつ目は、室内のドアを開けてみることです。トイレ、居室など、どこでもよいので、ドアを開けて、途中で手を離してみてください。

傾きに問題がなければ、手を離したところでドアは止まります。しかし家が傾いていると、勝手に動き出して閉まったり、逆に開いたりします。

もうひとつは、室内の照明器具や火災警報器など、室内にぶら下がっているヒモを見ることです。50センチメートル程度あるヒモがないか探してみてください。片目をつむった状態で、サッシやドア枠の縦のラインとヒモを重ねて見てみます。建物が傾いていると、縦のラインが斜めになって見えます。

家に適当なヒモがないときには、「重りと糸」を持参しておくと便利です。重りをつけた糸を、入隅の近くの壁にテープで貼ってみましょう。入隅の縦のラインとぶらさげた糸を平行に見て、上のほうと下のほうとで開き具合が違うなら、傾いています。新築物件で壁にキズを付けるわけにはいきませんが、許可を得たうえで、跡が残らない場所にテープを貼るぐらいは許してもらいましょう。

専門的な診断になりますが、「赤外線ラインレベラー」という機器を使えば、より正確に傾きを測ることが可能です。この器械から発する赤い赤外線ラインと、壁の隅のラインとを見比べて、傾きが許容範囲の1000分の6以内に収まっているかを確認します。

また、家の敷地が接している道路についてもチェックが必要です。家の敷地が接している道路にマンホールはないでしょうか。マンホールの上を大型車やトラックが通るたびに、家に振動が伝わってきます。その振動が長年続くと、やがて家を傾かせる原因になるのです。

中古住宅の場合には、すでに傾きが起きている場合がありますので、床鳴りを確かめながら歩いてみてください。1、2カ所なら問題ないと思いますが、3カ所以上にもなると、建物に問題があると考えられます。

自分で家の状態を確かめたいというご要望に応えて私たちが開発したのが、スマートフォン専用アプリ「水平くん」です。これを使えば、垂直と水平モードの切り替えで誰でも家の傾きの状態を確認することができます。入隅で垂直を確かめる際には、「垂直」モードにしてください。また、床の傾きを見る場合には、「水平」モードを選んでください。

いずれも傾きが1000分の6以上の場合は、要注意として、警告が出るようにもなっています。複数の箇所を測定して、数値が同じであれば、家全体が傾いている可能性が大きいといえます。ときには、1カ所だけの傾きが大きく出ることもありますので、必ず、複数の箇所を測定してください。

同じ方向に1000分の6以上の傾きがあるポイントが3カ所以上発見された場合は、購入を再検討すべきです。

ポイント⑬　クローゼットでわかる工事業者の腕

部屋のように、一見してわかる場所ではないだけに、クローゼットや押し入れといった収納部には、工事業者の質がはっきりと表れます。雑な職人と丁寧な職人の仕事ぶりには、大きく差が出てしまうのです。

そのひとつが、収納内部のクロスを貼らないタイプの物件の場合です。これは、奥の壁の部分に石膏ボードがむき出しで見えますから、継ぎ目の処理を見ることになります。

ボードの継ぎ目を見て、きれいに隙間を埋めるコーキング仕上げがされていれば問題ありませんが、中には継ぎ目がそのままでギザギザが見えている場合があります。

また、石膏ボードの上にクロスを貼った仕上げになっている場合は、石膏ボードの継ぎ目が出ていないか、釘を打った箇所が直に見えていないかを確認しましょう。

扉についても、部屋と同じく、動かせる部分はすべて開閉の確認をしてください。

施工不良のケースとしては、扉を開けようとすると、止まっているはずの側まで動き出すことがあります。また、扉の取っ手が仮留めのままになっていることもあります。

クローゼット内ですから、多少のキズや隙間は大目に見るとしても、ここでどのような仕事をする職人だったかを確認したうえで、他の場所もチェックするといいでしょう。

ドアと同じく、開閉の確認が必要なのが窓です。

一方向にはスムーズに動いても、逆に動かそうとすると、ひっかかりが生じることもあります。トイレや浴室などの小さな窓も含めて、すべて開閉の確認をしてください。

窓枠は、プラスチックや樹脂でできている場合がほとんどですが、窓枠のビスがきちんと留まっていないケースもあります。窓枠の仕上げ、ビスの付け忘れに不備がないか確認するようにしましょう。

ポイント⑭　巾木の仕上げをチェック

巾木とは、壁と、壁の下の部分にあるフローリングとの境目の部分を指します。この巾木のトラブルも、建売住宅でよく見かけます。

巾木は、〝フィニッシュ釘〟という頭の出ていない釘で留めるのですが、これが最後まで打ち込まれておらず、飛び出しているケースがあります。未処理のフィニッシュ釘は、とても危険です。

また、巾木の下からパッキンがはみ出していることや、ゴミが溜まっている場合もあります。隅の部分に隙間が開いているケースもあります。

巾木は、室内のすべての壁の下にありますので、全室にわたって念入りにチェックするようにしてください。掃除してきれいになる程度なら問題はないのですが、施工不良の箇所については、直してもらう必要があります。隙間が大きく開いている場合は、クロス補修剤（コーキング剤）で隙間を埋めてもらう必要があります。

巾木と床の隙間については、入居後にさらに目立ってくるはずです。室内での人の動きや家具の重さで床が沈むこともありますし、湿気や寒暖差、冷暖房の影響、外からの風や車の行き来によって伝わる振動など、さまざまな影響を受けていくからです。狭小住宅とされる3階建ての建売住宅の場合は、揺れの影響が特に大きく出る傾向があります。上階のほうが揺れが大きくなるため、1階は問題なくても3階は隙間が大きくなっていることもよくあります。

こうした場合でも、あわてて補修を依頼するのではなく、家の状態が落ち着くのを待ってみましょう。新築物件の場合、建物は10年保証ですが、クロス保証は通常1～2年間です。目立つ隙間やキズがあるなら、入居後数カ月を過ぎてから、まとめて依頼するとよいと思います。

［図表 11］ ドア枠と巾木の隙間

●良い例　ぴったりくっついている

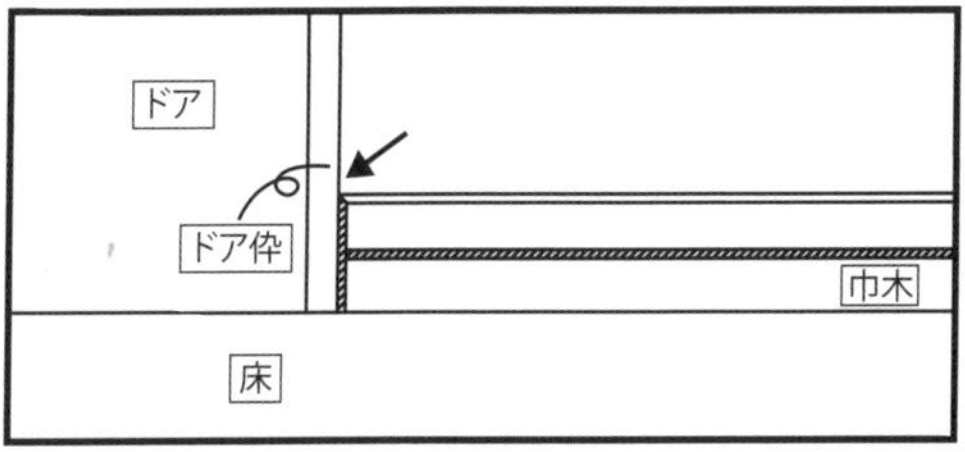

●悪い例　隙間が開いている

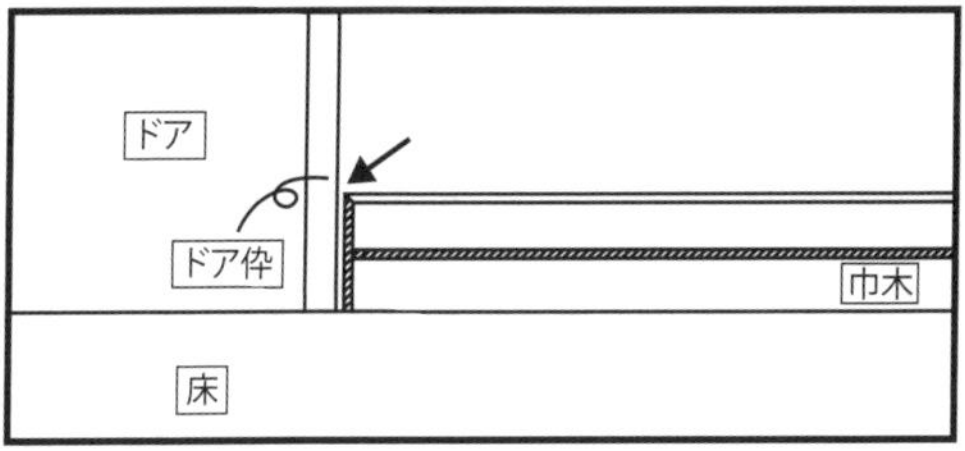

[図表12] フィニッシュ釘の処理

●良い例　しっかり奥まで留まっている

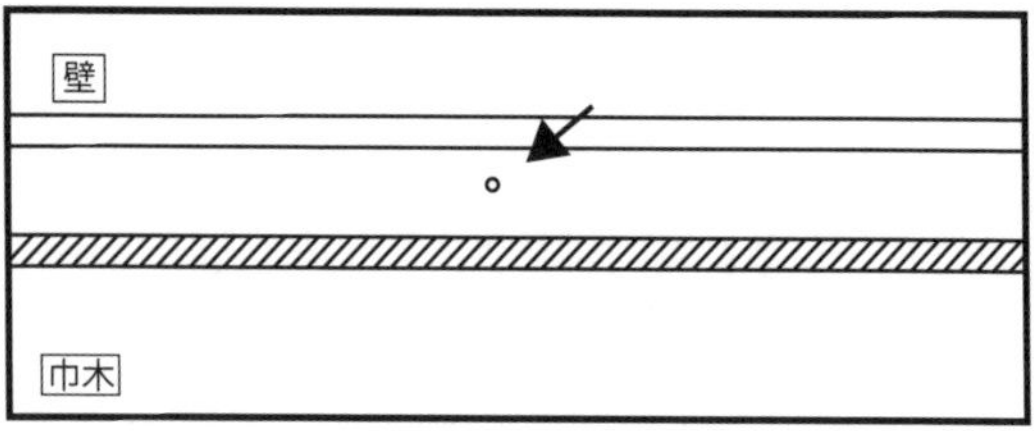

●悪い例　飛び出してしまっている

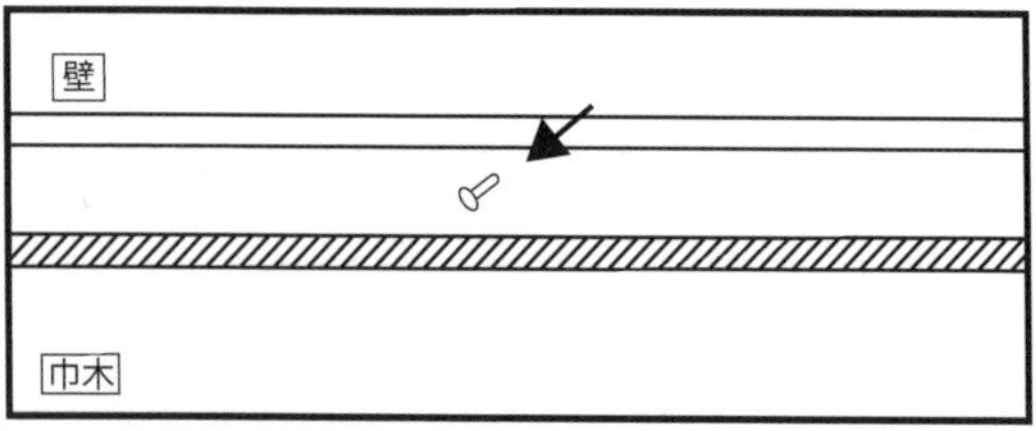

ポイント⑮　階段は板と板の継ぎ目を見る

階段の施工は入り組んでいる部分が多いので、職人によって仕上がりに差が出やすい場所です。いくつかのチェックポイントがありますので、参考にしてください。

階段は足を乗せる踏み板と、爪先が当たる蹴込《けこ》み板、側面の「ささら」と呼ばれる部分に大別されます。まず見るべきなのは踏み板と蹴込み板との継ぎ目です。ささらの部分に仕上げテープを貼り忘れたり、釘が直に見えていたりする不備も見つかることがありますし、踏み板と蹴込み板とささらの継ぎ目に、隙間が開いていることもあります。

継ぎ目の隙間が大きく開いていると、きしみの原因になりますし、住んでいるうちにさらに隙間が大きくなる可能性もあります。

また、階段は、裏側からビスを打って作っていきます。本来であれば板の厚みの中に、すべてのビスが収まっているのが正しい状態です。しかし職人の腕があまりよくないと、階段の表側にビスの先端が飛び出してしまうことがあります。さらに、ビスの打ちどころが端に寄りすぎていたせいで、階段の表部分を持ち上げてしまったり、ひどい場合には板にひびが入ってしまうケースもあります。板と板の継ぎ目の部分に関しては、特に細かくチェックするようにしてください。

また、一般の建売住宅の場合は、回り込む形で、やや急な角度で階段が設置されていることが多くあります。このため、手すりの安定性が非常に重要になります。小さなお子さんのいる家庭では、さらに重要なポイントになるはずです。支えが正しい位置にないと、手すりを持ったときに揺れて不安定です。軽く動かして、安定性を確認してください。

ポイント⑯　天井のシミは雨漏りを疑え

中古住宅に限らず新築分譲住宅を検討する際も、天井付近の壁にシミがないかを丹念に見てください。天井裏を見ることはできませんが、壁の上のほうをチェックすることで状況は把握できます。または、窓のサッシ周辺の木枠にシミがある場合もあります。

必ずしも雨漏りが原因ではなく、結露の可能性もありますが、壁紙の表にまでシミがある場合は、内側に水分が含まれていることが多くあります。

私が行っている建物診断では、赤外線サーモグラフィーを使って内壁表面の温度変化を測定します。一般的な木造住宅の場合、ビニールクロス仕上げですから、壁内に水分が入り込んでも、表面上は見た目の変化が起きません。しかし、壁の中に水分が存在し続けることによって、建物全体の劣化を招いてしまいます。

雨水の浸入ルート、雨水がとどまっている場所、室内への雨漏り箇所も、温度変化によって診断できます。

中古物件の場合は、すでに結露による建物の劣化が起きていることもあります。特に、天井の明かり取りをする天窓の周辺は温度差が激しいため、結露が発生しやすい場所です。一見しただけではわかりませんが、赤外線サーモグラフィーを使えば水分を多く含んでいる箇所を特定できます。

少量の雨漏りの場合でも、そのまま放置するとカビの発生やクロスの剝がれにつながりますので、結露対策が必要になります。水気に強いクロスに貼り替える、木部の塗装をすることによって、防露になります。

また、結露が出やすい建物の場合は、日当たりの悪さが理由のひとつですから、風通しをできるだけよくすることも必要になります。その場合、24時間換気システムを設置するケースが多いのですが、中古住宅であっても木造住宅であれば取り付けることは難しくありませんので、不動産会社、またはリフォーム業者に相談してみてください。

また、湿度をコントロールできる珪藻土や防湿効果のある機能性壁紙に替える方法もあります。湿度をコントロールして、カビが発生しないようにすることは、健康を守るうえでも大切なポイントです。

〈水回りなど〉

ポイント⑰　キッチンの排水をチェック

水回りは家の生命線です。家の機能そのものといっても、差し支えありません。箱としての家に、暮らすための機能を持たせているのは水回りです。水回りの不具合は、そのまま暮らしに直結します。念入りにチェックしていきましょう。

まずキッチンでは水道を開栓して、水を流してみましょう。排水口から水がきちんと排水されるかを確認してください。流しの下を開くと、パイプの接合部を見られるはずです。ここから水漏れなどは起きていないでしょうか。

次に、床下収納庫を取り外して、床の水漏れをチェックしてください。この間も、水道は流しっぱなしにしておいてください。どこかから水が漏れていれば、床に水が溜まるので、すぐにわかるはずです。

洗面台も、キッチンと同じように水を流しながら、排水をチェックしましょう。

下部の扉を開くと、排水管が見えるはずです。最近の排水トラップは、排水口に異物を落としてしまったときに排水管から取り出しやすくするために、トラップの下部にキャップがあります。しかし、このキャップがゆるんでいたり、不具合があると、ここから水漏れを起こしてしまいます。実際に手で触ってみて、濡れている箇所がないかを確認してください。

ポイント⑱　天井の点検口をチェック

天井には、ふたを取り外せる点検口がありますので、これを外してください。懐中電灯で照らすと、内部の様子が見られます。小屋裏を点検口から覗き込むと、小屋裏全体に断熱材が敷き詰められているはずです。しかし、その断熱材がない物件を発見することもあります。また、ときとしてユニットバス付近に断熱材の貼り忘れを発見することがあります。

ここで問題になるのは、建物の建っているエリアです。

不動産広告には明記が義務付けられていますから、確認してみましょう。

第1章でも述べましたが、都市計画法で「準防火地域」となっている場所では、火事が起きた際に延焼を防ぐという観点から、小屋裏（天井裏）の壁の立ち上がり面にも、外壁の裏側には、不燃材（石膏ボード）の設置が義務付けられています。同様にユニットバス周囲の外壁裏側にも不燃材（石膏ボード）の設置が義務付けられています。しかし、これらの不燃材（石膏ボード）が未施工になっている建売住宅を時々発見します。小屋裏点検口やユニットバスの天井点検口から見たときに、木材がむき出しになって見えている場合は、準防火地域では違反建築となってしまいます。

もうひとつ、ユニットバスで確認していただきたいのは、内部のキズです。建築中に、工事業者によって物置として使用されていることが多いのが理由です。工具でキズが付くことが多いため、ユニットバスのメーカーから「物置として使わないでください！」と貼り紙がされているほどです。

こうしたキズを見つけた場合には、遠慮せずに補修してもらうように交渉しましょう。

ポイント⑲　給湯器は固定具合をチェック

本体だけで30キログラムはある給湯器ですから、確実に取り付けられていないと、地震の際に落下する危険性があります。外壁に取り付けるのが一般的ですが、このときにサイディングボードだけではなく、釘がしっかりと下地の木の部分に留められているか確認してください。サイディングボードの厚みは14～16センチメートルですが、30キログラムもあるものに対しては安定しません。釘がズレていないかを見るには、横に走っているラインに沿っているかを見れば良いです。

ポイント⑳　雨水による被害を防ぐベランダ、雨どいの見方

雨どいは実際に触って軽く動かしてみましょう。取り付けが甘い場合だと、簡単に動いてしまいます。また、斜めに取り付けられていないかどうかも重要なチェックポイントです。少し離れて見て、壁の縦線にまっすぐ沿っているか確認をしてください。

また、ベランダの床から立ち上がり部分の高さは、12センチメートル以上なければならないと決められています。これ以下だと、大雨が降ったときに、部屋に雨水が流れ込む事態になりかねません。また、これに関しては、ゴミや土などで雨どいを詰まらせないようにすることが大事ですが、これは家の造りというよりも、暮らし方の問題です。

ポイント㉑　塀の鉄筋チェックも忘れずに

住宅と同時に新しく造られた塀なら問題はないのですが、古くからある塀をそのまま使う場合は要注意です。古い塀には、鉄筋が入っていないことが少なくありません。鉄筋の

有無によって耐久性には大きな差が出てきます。新しく設置しない場合、隣の敷地との境目にある塀をそのまま使用することも少なくありません。手で軽く押しただけで揺れるような場合は、鉄筋が入っていないと考えて間違いないでしょう。

スマートフォンのアプリに、金属探知機がありますので、これを利用して壁内部の鉄筋の有無を確かめてみるのもいいでしょう。

コンクリート内部の鉄筋の状態を正確に知るには、プロに診断してもらうことをおすすめします。私が使っているのは、高性能鉄筋探知機です。これを使うと、一般的な金属探知機よりも精度の高い検査が行えます。

ポイント㉒　〝雑〟な造りの家は後悔する可能性大

ここで、ちょっと気になるところを見つけたときのことについて、お話ししましょう。

今までは、建物内覧の際のチェックポイントや建物の見方について説明をしてきました。

しかし、ここで注意していただきたいのはメンタル面です。新築の家だから、きれいなのが当たり前だという思い込みや、大きな買い物をする際の興奮状態によって、冷静な判断ができないことも少なくないと思います。こうした状態で臨むと、ふつうなら見えるはずのものも見えてきません。少しのことなら「まあ、いいか」と大きな気持ちになることもあります。

家の垂直状況、水平状況、断熱材の施工状況などがきちんとしていれば、家自体に大きな問題はありません。しかし、立地条件や価格なども含めて、購入することに前向きであっても、営業担当者から煽るような売り文句をかけられても、契約を急がず確かめていただきたいのは次のような細かな点です。

- ドアや窓枠のキズ
- 引き戸のキズ
- フローリングのキズ
- 床下、天井裏、庭などに散乱するゴミ

これらは、小さなものでしたら引き渡しまでに補修してもらえればよいはずですし、散らかったゴミも片付ければよい、と思われるかもしれません。

しかし、家を造った職人の姿勢に疑問を感じてしまうのです。一戸建ては、買う人にとっては一生に一度の買い物である場合がほとんどです。さまざまなことを考え合わせたうえで、家を選ぶのです。建てる側には、雑ではなく、丁寧な仕事をしてほしいと願うのは当たり前です。

見えているのは些細なキズだけだとしても、どのような工事をしたのかが、その小さなキズに表れているように思うのです。数カ所であれば偶然ということもありますが、キズのある箇所があまりに多い場合には一度、考え直してみてもよいかもしれません。

特に、不動産市場が大きく動くといわれる2月、3月という年度末の時期は、営業担当者からも「他に引き合いがある」といった急かすような言葉が出がちですが、その言葉に惑わされないようにすることが大切です。その点からいえば、落ち着いて物件を探すためには、繁忙期の2月、3月を避けたほうがよいといえるでしょう。

［第4章］

基準値を満たしていても安心できない耐震強度を見極める15のポイント

日常的に地震が起きる可能性のある日本に暮らす以上、住宅購入の際に留意していただきたいことのひとつが、「耐震性」です。本章では、その基準や自分でできるチェックの仕方などについて解説していきます。

最近も、建物の耐震性を担保するはずの免震ゴムに関して、試験データの偽装が行われていたことが発覚しました。この製品が、多数の自治体の公共建築物に導入されていたこともあり、大きな社会問題となりました。ここで言われる台詞のひとつに「現時点では危険はない」というものがあります。しかし、いつ、どの規模で起きるかわからない地震への備えとして、現時点での危険性を語っても意味はないと思います。

大切なのは、〝いざ〟というとき、自分の生命や財産を守ってくれる、信頼できる建物なのかということです。

まずは、自分自身でできるセルフチェックをしてください。これによって、建物の耐震性において重視すべき点やご自分の家（または検討中の住宅）の耐震性をご理解いただけると思います。さらに詳しい診断を希望する場合は専門家に依頼するといいでしょう。

ポイント① 長方形の家より正方形の家が地震に強い

耐震性を測るポイントのひとつが家の形を見ることです。地震に強いのは、できるだけ正方形に近い形の家です。サイコロのような真四角が最も強いといえます。

都心であれば、「旗竿地」といって、出入り口となる通路部分が細長く、その奥に家の敷地がある場合、正方形に近い土地、建物であることが多いでしょう。

逆にうなぎの寝床のような細長い家は揺れに弱くなります。長方形には長辺と短辺がありますが、短辺に対して横に揺れる地震の場合に、より大きく家が揺れてしまうのです。

もちろん、設計上は国の基準である耐震性はクリアしているはずですが、こうした形からくる弱さをカバーできるほど十分な性能を保持しているかは疑問です。むしろ、都心の新築戸建てはほとんどがビルトインガレージの付いた細長い家であり、耐震性もギリギリ基準値を超えている程度であることのほうが多いでしょう。耐震性の数値についての詳細は後述しますが、経年にともなって住宅の耐震性能は徐々に落ちていくのが普通ですから、もともとギリギリの建物では、比較的早い段階で基準値を下回ってしまう危険性もあります。

しかし土地の狭い都心で家を探す場合に、一般的な長方形・3階建て・ビルトインガレージ付きの家を選択肢から除外するのは難しいはずです。ですから、細長い家や、ビルトインガレージ付きの家を購入する場合は、必ず専門家に耐震診断を依頼すべきです。

ポイント② 手で揺らすだけで、揺れる家もある

揺れに対して強い住宅かどうか、より簡単に、感覚的に試せる方法もあります。壁やドア枠を体全体の力を使って強めに押し揺らしてみると、意外なほど大きく揺れる場合があるのです。ブランコをこぐようなイメージで、少しずつ揺れに合わせて力を加えていくと、明らかに家が揺れるのがわかります。木造の3階建てで、延床面積が80~90平方メートルくらいの建売住宅であれば、たいてい少しは揺らすことができますが、前述した揺れに弱い形、弱い方向に力をかければ、より大きく揺れることがわかるので、感覚的に弱さを測ることができるのです。

以前、ある中古住宅で試してみました。1階のリフォームを行った際に、壁と柱を取り

去ってしまった家です。「強度不足だろうな」と思って少し手で揺らしてみたら、案の定、かなり大きく揺れました。

誤解しないでいただきたいのは、押してみたら揺れる家はすべてNGだというわけではないことです。どんな家でも多少は揺れます。問題は、その程度にあります。私自身は、いくつかの住宅で試してみて感覚をつかみましたが、なんとなく弱いかもしれないというくらいは、つかむヒントになるかもしれません。あくまでも目安だと思って、もし心配であれば入念な診断を依頼するなどしましょう。

［図表13］ 手で揺らして耐震強度を確認する方法

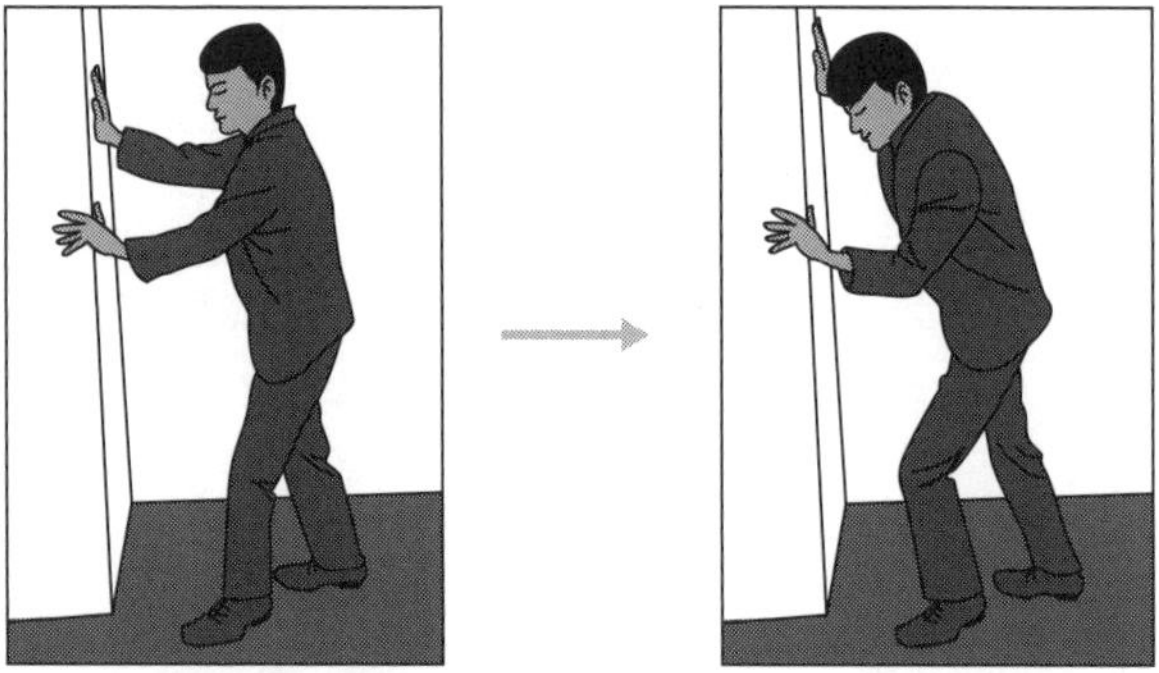

壁や柱に体重をかけて、手で強く押す

ポイント③　在来工法＋構造用パネルの家ならベスト

もうひとつ、専門家やプロでなくても耐震性能を見極める材料があります。それは住宅の工法です。現在の建売住宅の場合は、次の3つの工法が主流になっています。

①木造軸組工法（在来工法ともいう）

日本の伝統的な家造りを受け継ぐ工法。縦木として通し柱、管柱《くだばしら》、束、横木として土台、大引き、棟木などを組み上げたもの。

②2（ツー）×（バイ）4（フォー）工法（枠組み壁工法ともいう）

アメリカで生まれた工法で、木の間柱（2インチ×4インチ）と合板の板材で壁を造って、箱を作るようにして建てる工法。

③木造軸組工法＋構造用パネル

木造軸組工法に加え、「構造用パネル（構造用合板）」を用いて補強する工法。構造用パネルとは、構造物の耐力部材として用いられる合板のことで、わかりやすくいえば、ベニヤ板のオバケのように厚さのあるもの。壁や床の下地などに用いられる。

この中で耐震性がいちばん強いのが③の「木造軸組工法＋構造用パネル」です。最近では、大建の「ダイライト」と呼ばれる新素材も下地に使われることが多く、丈夫です。次が②の「2×4工法」、いちばん弱いのが①の「木造軸組工法」となります。工法は、売主に聞けば教えてもらえるので、聞いてみましょう。

ポイント④　「制震だから」といって地震に強いわけではない

最近、建売住宅でよく見かけるようになってきたのが「制震構造」です。後ほど説明しますが、建築基準法に定められている耐震性を実現するために、これまでさまざまな構造が生み出されてきました。現在、主流になっている構造には「耐震」「免震」「制震」の3種類があります。揺れに対してのアプローチはそれぞれ異なりますが、地震から家を守ろうとする目的は同じです。

【耐震構造】

現在、日本においては主流となっている構造。建物の構造部分である壁や柱、梁を強くすることによって、建物を頑丈な造りにして、地震による影響に耐えるような設計が行われています。

長所：地震による崩壊・倒壊を防ぐために、各所が強く補強されているため、建物自体の倒壊を防ぐことができる。

短所：大きな振動の際は、家具や電化製品の転倒などの被害が生じる。

【制震構造】

建物の構造部分に、地震エネルギーを吸収する制御装置（ダンパー）を組み入れています。揺れが吸収されることによって、建物の揺れが軽減されます。

[図表14] 耐震・制震・免震の違い

耐震	制震	免震
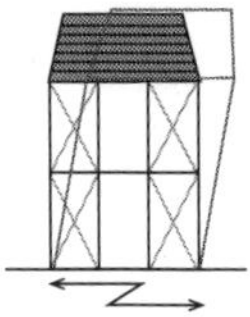	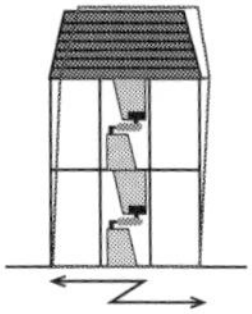	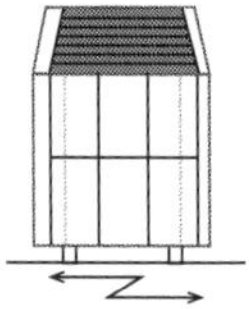
建物全体を固く固定することで衝撃に耐える工法	建物の一部に可動部分を設け揺れを吸収する工法	建物の基礎と土台の間を可動体とし揺れを吸収する工法

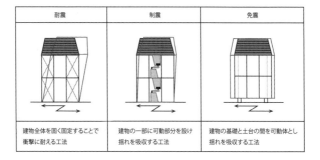

長所：家具の転倒などの室内の被害が減る。

【免震構造】

建物が建っている基礎の部分と建物との間に、地震エネルギーを吸収させる積層ゴムなどの特殊な装置を取り付けます。地震による揺れが、建物に直に伝わらない構造になっています。

長所：地盤からの揺れを直接的には受けないため、建物の損傷が少ない。室内の家具転倒や窓ガラスの破損が少ない。

注意したいのは、制震というのは一度建物に伝わった揺れを抑制するものである、ということです。つまり、建物そのものが強くなければ、つまり、耐震性が強くなければ、いくら「制震」構造になっていたとしても、大きな地震が起これば耐えられないということです。

最近内覧した物件は、「制震」構造であることを非常に大きく謳っていましたが、耐震診断をした結果、耐震基準ギリギリクリアの数値でした。

「免震」はビルなど、大きな建造物に使われる技術で、一般住宅のような建物にはまだあまり見られませんが、「制震」は新築戸建てでもよく目にします。制震構造だからといって安全だと思い込むのは間違いです。言葉のイメージに惑わされないように注意が必要です。

ポイント⑤　瓦の屋根は地震に弱く、ガルバニウム鋼板が強い

建物が揺れに弱いかどうかは、屋根を見ることでもわかります。ポイントは、屋根の重さです。素材によって屋根の重さはさまざまに変わりますが、重ければ重いほど家は大きく揺れます。

年配の方の中には、「瓦屋根がいちばんいい」という人が多くいらっしゃいますが、瓦屋根は非常に重く、他の一般的なスレート葺き、ガルバニウム鋼板と比較すると、最も重心が高い建物となり、家が揺れやすくなる屋根材といえます。実際、東日本大震災で倒壊した家は圧倒的に瓦屋根の家が多かったのです。屋根が重くなり、揺れると屋根によって

家が潰されてしまうためです。

逆に最も揺れにくい素材はガルバニウム鋼板です。アルミニウムと亜鉛をメインに生成されているため、非常に軽いという特長があります。その次がスレート葺きで、粘板岩を薄くしたものや、セメントと繊維などで作られます。

参考に、おおよその重さを比較してみましょう。

・日本瓦……1坪当たり165キログラム
・スレート……1坪当たり68キログラム
・ガルバニウム鋼板……1坪当たり17キログラム

いかに瓦が重いかがおわかりいただけたと思います。ガルバニウム鋼板のおよそ10倍です。特に3階建てになると、建物が揺れやすいので、瓦の屋根のほうが崩れてしまう危険性も高くなります。

ポイント⑥　建物の角から90センチメートル以内に窓がある場合は要注意

新築物件の場合はほぼ見られませんが、中古の建売住宅を検討している場合に注意すべきなのが建物の角にある窓です。基本的に木造住宅の場合、「建物の角から、90センチメートルの範囲は、原則的に壁であるべき」といわれています。窓は壁と比べると強度が弱く、角の部分の強度が弱くなってしまうと圧倒的に倒壊などのリスクが高まるからです。玄関は仕方ないとしても、それ以外で、建物の角から90センチメートル以内に窓がある家は、耐震性が弱い可能性があります。特に、1階部分の四隅の壁は重要です。一時期、角がそのまま出窓になっている「コーナー出窓」といわれるものが流行し、中古住宅でよく見かけますが、たとえデザイン性に優れていても耐震面では要注意です。

そもそも窓の部分は強度が落ちるので、大きな窓が付いている、窓の数が多いという物件も、耐震性能が低い可能性があります。

窓が広いと外光がたくさん入り、気持ちのいいものです。しかし、一般的な木造住宅の場合、「壁一面の窓」などは、特別な工法を使っていない限り、建物の強度に影響することを覚えておきましょう。

ポイント⑦　家の安全性を測る「耐震基準」を知る

生命、健康、財産を保護するために、建築物の敷地や設備、構造などについての最低基準をまとめたものが「建築基準法」です。

建物の規模によって、家を建ててもいい地盤、基礎となる土台、壁の構造や骨組みについて、細かく定められています。

1920（大正9）年の制定以来、数回にわたって改正が行われ、特に耐震基準が厳しくなってきています。制定当初は、地震に対する規定はありませんでしたが、1923（大正12）年の関東大震災の発生後、地震の震動に耐えられる能力を定めるために、最初の改正が行われました。

鉄筋コンクリート、鉄骨、木造などと、それぞれの工法ごとに、「耐震基準」が設けられています。

1981（昭和56）年に行われた大改正は、1978（昭和53）年の宮城県沖地震後に大きく見直しが行われ、「新耐震設計基準」とされる基準が設けられました。このため、現在は、木造住宅に対する評価に際しては、法改正後に建てられた「新耐震基準」を満たしているか、「旧耐震基準」のものかで、耐震性に大きく差があります。

旧耐震基準が、震度5クラス程度の地震を想定し、設計の目的が倒壊を防ぐことだったのに対して、新耐震基準では震度6クラス以上の地震でも軽微な損傷にとどめ、人命を守ることが目的になりました。

新耐震基準に沿った建物では、1995(平成7)年の阪神淡路大震災の際にも、被害が少なかったことがわかっています。一方、旧耐震基準で建てられた建物は、耐力壁が少なく、耐震性が弱かったため、家屋の倒壊を招きました。6400人にのぼった犠牲者の死因の多くが、家屋倒壊による圧死だったとされています。

この2つの基準を、比べてみましょう。

最も新しい改正は、2000(平成12)年に行われたもので、性能規定の概念が導入されました。建築基準法の規定は、仕様規定と性能規定の2つの概念から成り立っています。

仕様規定では、構造物の材料や工法、寸法を細かく決め込んでいます。ですから、この規定のもとでは、自由なデザインを行うことは難しかったのです。一方、性能規定は、構造物に必要とされる性能は規定しますが、個々の仕様については決め込まれていません。これによって、設計・施工における自由度が高くなったため、今まではない構造の建物が生まれるようになったのです。

この性能規定を取り入れるにあたって、次のような基準が導入されました（国土交通省HPより抜粋）。

【許容応力計算】（一次計算）

「中規模の地震動でほとんど損傷しない」ことの検証を行う

↓建築物の存在期間中に数度遭遇することを考慮すべき稀に発生する地震動による倒壊のおそれのないこと。

【保有水平耐力計算】（二次計算）

「大規模の地震動で倒壊・崩壊しない」ことの検証を行う
↓建築物の存在期間中に一度は遭遇することを考慮すべき極めてまれに発生する地震動
による倒壊のおそれのないこと。

しかし、ここで重要なのは、定められているのが最低基準だということです。これをクリアしていれば問題がないというわけではありません。家の建っている地盤や地形などによって、最低基準のとらえ方は変わるのが当然といえます。

ポイント⑧　耐震性をまずはセルフチェック

専門家に頼まなければ耐震診断などできない……と思われるかもしれませんが、自分で行う方法もあります。

自分で耐震診断をするためには、施工の際の図面が必要になりますが、必要な箇所の用語さえ知っていれば難しくはありません。

重点的に見る箇所としては、地盤、基礎、柱、壁の材料と工法です。

まず、構造図を見て、用語をチェックしましょう。

［図表 15］ 在来軸組工法の構造図

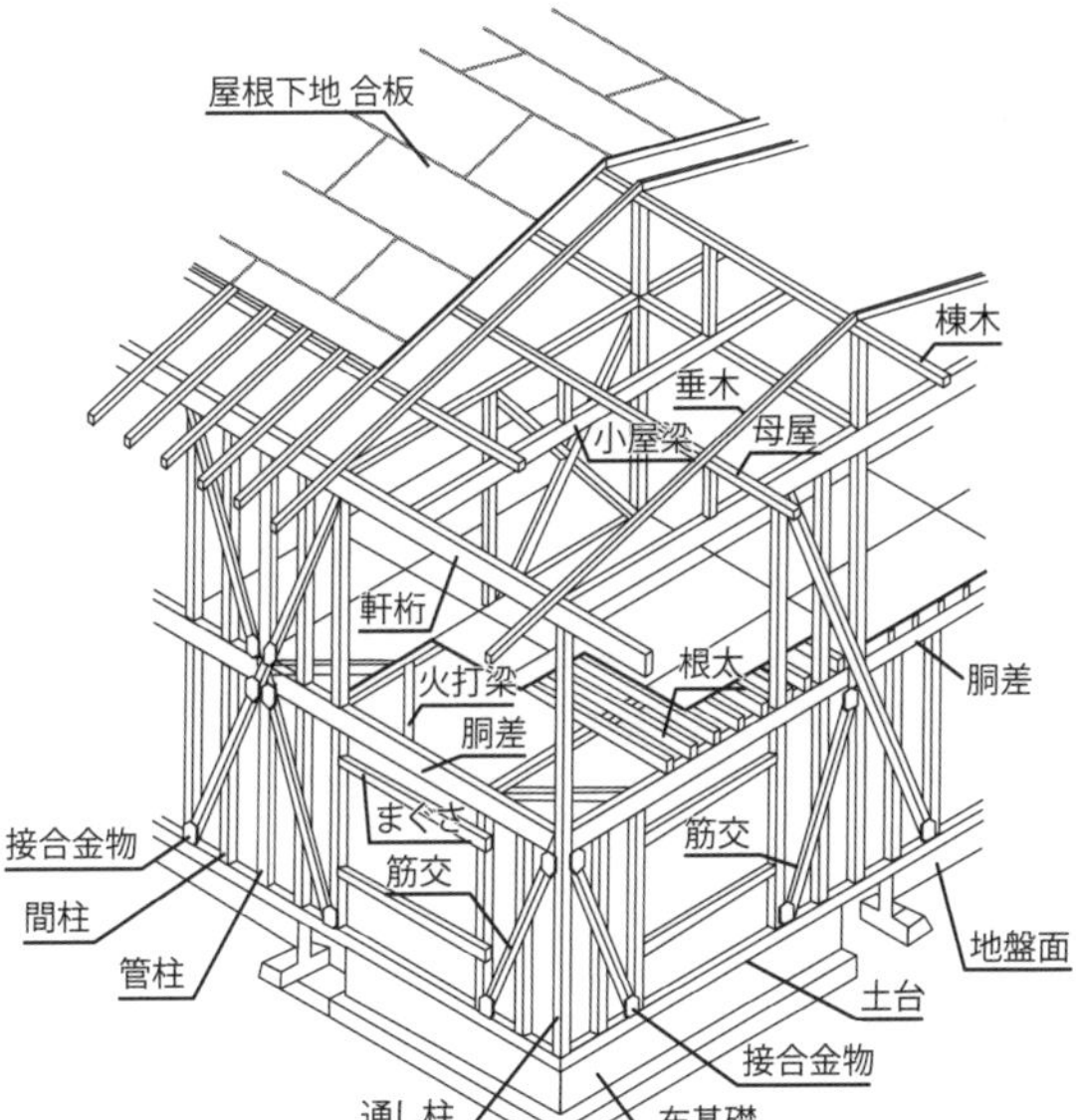

[図表 16] 耐震診断問診票

1 建てたのはいつ頃ですか？

1981年6月以降	1
1981年5月以前	0
よくわからない	0

2 いままでに大きな災害に見舞われたことはありますか？

大きな災害に見舞われたことがない	1
床下浸水・床上浸水・火災・車の突入事故・大地震・崖上隣地の崩落などの災害に遭遇した	0
よくわからない	0

3 増築について

増築していない。または、建築確認など必要な手続きをして増築を行った	1
必要な手続きを省略して増築し、または増築を2回以上繰り返している。増築時、壁や柱を一部撤去するなどした	0
よくわからない	0

4 傷み具合や補修・改修について

傷んだところはない。または、傷んだところはその都度補修している。健全であると思う	1
老朽化している。腐ったり白蟻の被害など不都合が発生している	0
よくわからない	0

5 建物の平面はどのような形ですか？

どちらかというと長方形に近い平面	1
どちらかというとLの字・Tの字など複雑な平面	0
よくわからない	0

6 大きな吹き抜けがありますか？

一辺が4m以上の大きな吹抜はない	1
一辺が4m以上の大きな吹抜がある	0
よくわからない	0

7 1階と2階の壁面が一致しますか？

2階外壁の直下に1階の内壁または外壁がある。または平屋建である	1
2階外壁の直下に1階の内壁または外壁がない	0
よくわからない	0

8 壁の配置はバランスがとれていますか？

1階外壁の東西南北どの面にも壁がある	1
1階外壁の東西南北各面の内、壁が全くない面がある	0
よくわからない	0

9 屋根葺材と壁の多さは？

瓦など比較的重い屋根葺材であるが、1階に壁が多い。または、スレート・鉄板葺・銅板葺など比較的軽い屋根葺材である	1
和瓦・洋瓦など比較的重い屋根葺材で、1階に壁が少ない	0
よくわからない	0

10 どのような基礎ですか？

鉄筋コンクリートの布（ぬの）基礎またはベタ基礎・杭基礎	1
その他の基礎	0
よくわからない	0

ひとまず安心ですが、念のため専門家に診てもらいましょう	10点
専門家に診てもらいましょう	8〜9点
心配ですので、早めに専門家に診てもらいましょう	7点以下

※出典：『一般財団法人 日本建築防災協会』ホームページより
http://www.kenchiku-bosai.or.jp/seismic/wagayare/taisin_flash.html

ポイント⑨　耐力壁のバランスに注意

本来、建物にはさまざまな力がかかっています。建物自体の荷重、家具や人の荷重は、日常的にかかりますし、屋根に雪が積もることによる荷重も相当なものです。これらは、いずれも上から下へという垂直方向の荷重です。これに加えて、地震時の横揺れ、台風など強風時には、横から、すなわち水平方向の荷重がかかります。

垂直方向にかかる力は建物の基礎と柱が支えていますが、水平方向の力に対しては耐力壁が建物を支えることになります。地震に対する耐震性を左右するのは耐力壁なのです。

耐力壁の代表的なものが、軸組工法においては柱と柱の間に斜めに筋交を入れるやり方です。規定のサイズの壁に斜めに筋交を1本入れる「片筋交」、筋交を2本入れる「たすき掛け」の他、構造用合板やMDFなどの面材を柱面に取り付ける面材耐力壁の手法も用いられています。この場合も、単に筋交を入れたり、構造用合板を貼り付けるのではなく、規定の釘で、決まった場所に、決まった間隔で打つように定められています。その通りに施工が行われないと、耐力壁としての役目を果たしません。

［図表17］ 代表的な耐力壁と強さ

	筋交耐力壁				面材耐力壁	
形状	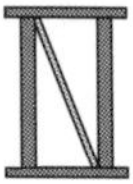	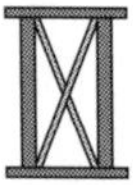	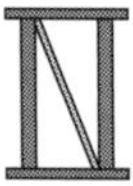	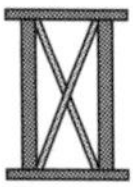	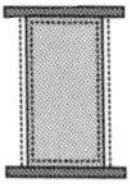	
仕様	30 x 90		45 x 90		構造用合板　7mm	
	片筋交	たすき掛け	片筋交	たすき掛け	片　面	両　面
壁倍率	1.5 倍	3.0 倍	2.0 倍	4.0 倍	2.5 倍	5.0 倍

耐力壁には、各種類に応じて「壁倍率」が定められています。この数字が、耐力壁としての強さを意味しています。耐力壁の計算にあたっては、地震に対応するために必要な耐力壁と、強風時の風圧力に対する耐力壁を比較して、長さの長いほうで確認することになります。

なお、計算式は次のようになっています。

地震時＝各階の床面積×壁係数【必要壁量】≦（各耐力壁の実長×壁倍率）の合計【存在壁量】

台風時＝各階の外壁見付面積×壁係数【必要壁量】≦（各耐力壁の実長×壁倍率）の合計【存在壁量】

建築基準法に基づくと、実際に配置されている壁量（存在壁量）が、必要壁量を上回っていればよいということになります。しかし、ギリギリで上回ることのリスクについては、前述した通りです。建物の強さを表す指標となる住宅性能表示の中にある耐震等級においても、建築基準法レベルの耐震性では、3段階の中のいちばん下（等級1）です。ちなみに、建築基準法の1・25倍の強さが等級2、1・5倍が等級3となっています。

耐力壁は、壁一つひとつの強さだけでなく、全体としてバランスよく配置されていることも重要です。四角形の部屋の場合はコーナーに配置し、上階と下階の耐力壁の位置もそろっていたほうが、揺れからくる力が均等に伝わります。

もし、バランスよく配置されていない場合はどうなるのでしょうか。

建物には外から力がかかると、回転しようとする力が働きます。このときに、耐力壁の位置と強さのバランスがとれていないと、ねじれや変形を起こして倒壊につながってしまいます。

もうひとつ知っておきたい言葉に、「偏心率」があります。偏心率とは、強さのバランスがどれくらい偏っているかを数値化したものです。

建物の重さのバランスがとれる位置＝重心と、外からの力を受けて回転しようとするときの中心＝剛心。この2つの位置が離れているほど、回転しようとする力が大きくなり、揺れが大きくなるバランスの悪い建物だといえます。

現在の建築基準法では、木造住宅では偏心率が0・3以下であるように規定されています。しかし、それでは想定外の揺れに対応できません。住宅診断を行う専門家としては、0・15以下となるようにしておくことをおすすめしています。

ポイント⑩ ビルトインガレージの住宅は詳しい診断が必須

ここまで、耐震基準について解説してきましたが、これらは木造住宅3階建て以上の場合です。3階建ては、建築確認の申請時に構造計算の書類提出が必要とされているため、確認ができるというわけです。

では、木造3階建てで、構造計算がきちんと行われていれば、耐震性に問題はないのかというと、そうではありません。

耐震診断は、「壁の強さ」と「壁のバランスと偏心率」を数値化することによって診断します。つまり、壁の強さとその配置（壁のバランス）が重要だということです。

では、1階に壁がない住宅の場合は、どうでしょうか。

最近、特に都心では、1階部分にガレージを入れ込んだデザイナーズハウスや狭小住宅をよく目にします。いわゆる「ビルトインガレージ」です。狭い立地ながら、工夫して床面積を確保したり、独特のデザインがなされた住宅として、人気を博しています。

しかし、このビルトインガレージの場合、道路から車を出し入れするために、道路に接している側には壁がありません。結果的に、建物の一部が空洞になるようなものですから、耐震強度を計算すると、「ギリギリでクリア」しているという物件がかなりあります。

新築の段階で、ギリギリでクリアしているということは、年数が経つことによって生じる劣化が起きた場合、基準値を下回るリスクが高くなります。

耐震診断では、劣化係数という数値も存在しています。新築の場合には、劣化係数は計算に含みません。しかし、この建物を、数年後に劣化係数を考慮した耐震診断をすると、確実に基準を下回るはずです。

都心や神奈川県で狭小住宅の購入を検討している方は、必ず入居前の耐震診断の数値を理解したうえで決断してください。

ポイント⑪　耐震性をアップさせる「耐震補強工事」

建物の耐震性を測定する耐震診断。これは、建物の各階および各方向の壁面の強さを数値化することによって行います。

耐震診断を行った結果、耐震性が不足しているとなれば、補強工事が必要です。これは、診断で見つけ出した弱い壁面を、筋交や構造用合板などを使って補強する工事のことです。

耐震性とは、建物全体の強さのバランスだと考えていただければよいでしょう。

たとえば、建物1階の北側の壁面の評点が1・6だとしても、反対側の南側の壁面の評点が0・9だとすると、片面ばかりが強いことからくるバランスの悪さで、耐震性が低くなってしまいます。逆に、北側が1・2であっても、南側が1・1であればバランスがよく、耐震性は高いことになります。

本来は、評点の数値は大きいほどよいのですが、片方ばかりがよくてもバランスがとれていないため、トータルとしての耐震性は低くなるのです。

こうした場合、耐震補強工事は、各階の各壁面の強さのバランスを考慮しながら補強工事を進めなくてはなりません。

ポイント⑫　中古の場合は耐震補強工事の前に耐震診断が必要

中古住宅を購入する際に、確認していただきたいポイントのひとつが、新耐震基準で建てられているかどうかです。

1981年以前に建てられた旧耐震基準の住宅だと、耐震補強工事をする場合にも、相当な費用が発生してしまいます。その費用も購入費用として考えた場合、それでも購入したいかという点を検討すべきだと思います。

次に、購入することを決定したうえで、耐震補強工事に進む場合の注意点についてお話ししましょう。

リフォーム業者の中には、「長年やっているから、知り尽くしている」といったことを言う人が少なくないようです。しかし、これでは工事の前後で耐震性がアップしたのかを確認する方法もありません。

また、なんとなく耐震金物や筋交を取り付けたとしても、必要な箇所が補強されていなければ、状況は改善されません。しかも、工事のやり直しなどになると、費用がムダになるのはいうまでもありません。

まず、補強工事に取り掛かる前に、必ず、耐震診断を行うようにしてください。どの場所を、どのように補強工事を行えば、耐震性が確実に上がるのか。現状、不足している耐震性を評点1・5以上にすることができるのか。

施主となる自分自身が、この必要性を理解したうえで、工事に入ってもらうように進めましょう。そうでなければ、効果的な耐震補強工事はできません。

もし、耐震診断を行わずに、補強工事を行ってしまった場合は、これからでもいいので、耐震診断をされることをおすすめします。そのうえで、もしも耐震性が不足している場合には、あらためてリフォーム業者へ交渉してみてください。

ポイント⑬　地盤調査も欠かせない

地震への対策を考えた住宅選びをする際、住宅が建っている地盤も重視すべき点です。軟弱な地盤や液状化しやすい地盤に建つ建物は、地震のときに地盤から大きく揺れますから、古い地盤の上にある住宅よりも、より高い耐震性が求められます。

そこで最近では、新築一戸建てを建築する際には、必ず、地盤調査を行います。地盤調査の方法としては、スウェーデン式サウンディング試験という方法で調査します。これは、建築予定の敷地部分のおおよそ4〜5カ所に専用の機械でスクリューポイントという棒状のものをねじ込みながら、深度25センチメートルごとの土質やN値を調べていきます。このN値という数値が、地盤が強い土地か弱い土地かを判断するポイントとなります。

木造2階建の場合は、このN値が2・0以上であれば、建物の重さに耐えうる地盤として、地盤改良や地盤補強の工事は不要と判断されます。しかし、2・0未満の場合には、なんらかの地盤補強対策工事が必要となります。

私がこれまでに見てきた首都圏全域の数多くの物件の中では、N値が2・0を下回ったために、地盤改良が必要となった物件のほうが多くありました。

では、次に地盤改良工事について解説します。

その代表的な工法のひとつが、「柱状改良」です。これは、住宅の基礎工事を行う前の段階で、基礎が載る予定の地中に柱状の杭を作るという改良方法です。

[図表 18] 住宅の地盤改良

柱状改良は、専用の重機で直径50〜60センチメートルの穴を掘り、その穴に水と固化材を流し込み、土と混ぜながら地中に柱状の杭を作る地盤補強の方法です。柱の長さは、地盤調査の結果を見て判断されます。

住宅の大きさにもよりますが、この柱状の杭の本数は20本から30本が一般的です。この杭こそが、建物の基礎の地中で地盤を強くし、建物を支えることになります。

なお、この工事にかかる費用は、一般的に50万〜100万円ほどです。

新築分譲住宅の購入を検討している人にとって、住宅の建つ地盤は心配な点のひとつです。住宅診断を依頼いただいた場合には、できるだけ早く、地盤調査の結果や地盤改良工事が行われているかを調べてお伝えするようにしています。

分譲会社によっては、地盤調査結果の詳細データを公開していない会社もありますが、調査を行えば、地盤改良したか否かは確認できるので、専門の業者に相談してみてください。

東日本大震災の際、千葉県の一部で起きた地盤の液状化現象のニュースをご覧になった人もいるでしょう。

住宅の地盤は、平常時には気にならないものですが、私たちは地震が起きる国に住んでいるという現実を忘れずに考えていただきたいのです。

ポイント⑭　複雑な凹凸のある建物は避ける

建物の平面がどのような形をしているかによって、揺れへの耐力は大きく変わります。デザイン的に魅力的だったとしても、複雑な凹凸のある建物の場合には、建物本体と突出している箇所の耐性に差が生じます。

この差によって、地震が起きた際に、それぞれの箇所がバラバラに動くことによって、構造が壊れやすくなってしまいます。

建物の平面としては、なるべく単純な組み合わせになっているほうが耐力があります。また、2階建てや3階建ての建物の場合には、上の階のほうが揺れを大きく受けます。重い家具や本棚、ピアノなどを2階に置くと、地震の際に1階にかかる負荷が大きくなります。2階の床に載せる荷重を軽くするように工夫することも大事です。

さらに、上の階に対する1階の耐力を考えると、ビルトインガレージを配置したり、大きな空間のある間取りにすると、柱や耐力壁の量が少なくなってしまい、耐震性が低下します。

柱に関しても、建物の外周や内部の重要な箇所において、均等に荷重がかかるような設計になっていることが望ましいのです。2階以上の建物の隅柱や要となる柱については、1階との通し柱とするか、接合部を耐震金物で補強するようにして、耐力を上げたほうがより安全です。

ポイント⑮　プロが行う木造住宅の耐震診断を利用する手も

木造住宅耐震診断士とは、木造在来工法の住宅が、震度6強～7クラスの地震が起きた際に、倒壊または崩壊しない建物かどうかを診断する専門家です。

建物診断を行う中で、当然ながら、地震の影響を心配される人が多いのが気になっていました。そこで、数値ではっきりと耐震基準を満たしているか否かを回答できるようにしたいと考えたのです。

そのひとつの方法として、木造住宅耐震診断士の資格を取得しました。これによって、耐震診断をより正確に行えるようになりました。

詳細な設計図面を取り寄せなくてはいけないので、診断を行えるのは、新築一戸建てに限られてしまうのですが、そこから次のような点をチェックします。

- 柱や梁の結合部に、規定の耐震金物が使われているか
- 壁の構造と種類
- 壁のバランスがとれているか
- 壁の中には、必要なだけの筋交が入っているか
- 構造用合板の強度は基準を満たしているか

日本耐震防災事業団の耐震診断書をベースに、エクセルで制作した自動計算で保有耐力を計算するオリジナル耐震診断書を作成していきます。

これによって、今までのように「建築基準法通りに造られているから大丈夫」ではなく、具体的に回答ができるようになりました。

図表19　耐震診断の評点（保有耐力）の見方について

評点	判定
1.5以上	倒壊しない
1.0以上～1.5未満	一応倒壊しない
0.7以上～1.0未満	倒壊する可能性がある
0.7未満	倒壊する可能性が高い

【耐震診断の評点】

耐震診断の結果のことを評点といいます。保有耐力を、その建物に必要な耐力で割ると、耐震診断の評点を算出できます。

［第5章］

電磁波、ホルムアルデヒド、放射線……有害物質を見抜く5つのポイント

これまで建物の構造に関わる欠陥・不具合について解説してきましたが、その他にも、住宅を購入するにあたって見過ごせない重要なチェックポイントがあります。

それは、健康的に暮らせる家かどうかという点です。

家がもたらす健康被害の代表格は、シックハウス症候群です。1990年代後半に大きな問題となりマスコミにも大きく取り上げられたため、ご存じの方も多いと思います。このシックハウス症候群の原因となるのが、ホルムアルデヒドなどの有害物質です。2003年に改正建築基準法が施行され、有害物質を放出する建材の使用が禁止されて以来、全体的によい方向へ向かいつつありますが、その一方で、第2章で述べたような背景から、いまだに有害物質を含んだ安い資材の家が一部に出回っているのが現実です。

また、建築基準法改正によってホルムアルデヒドなど一部の有害物質に対する規制は強化されましたが、対象から漏れている物質の中にも、人体に重大な健康被害をもたらす有害因子は存在します。たとえば、欧米ではすでに問題視されている電磁波や、福島第一原発事故を契機に世間の関心を集めている放射能などです。

家は一日のうちでも長い時間を過ごす憩いの場です。建物自体に有害物質は含まれていないか。周辺の環境に問題はないか。本章で述べるポイントをチェックして、健康に長生きできる終の住処を見つけましょう。

ポイント① 住宅の購入時には電磁波を測定する

第1章でも少し触れましたが、電磁波というと、なんとなくは知っている、聞いたことはあるという人がほとんどだと思います。ですが、いざ住宅を購入するときになると、購入者の方が一番気にされるのは意外にもこの電磁波です。不動産の仲介業をしていると、住宅の造りはもちろんですが、周囲の環境についての調査を依頼されることもよくあります。特に、お子さんのいるご家族からの依頼が多いのが電磁波なのです。

そもそも電磁波とはなんでしょうか。やや専門的な話になりますが、解説しておきます。まず、電圧がかかっているものの周りに発生する〝電界〟と、電気が流れているものの周りに発生する〝磁界〟があり、この2つを合わせたものを〝電磁界〟といいます。周波数が高いと電界が磁界を生み、さらに磁界が電界を生むというように広がっていきます。この波のように広がる性質を持ったものが〝電磁波〟なのです。

つまり、電磁波は電気と磁気の両方の性質を持つ〝波〟ですから、電気や電波が存在しているところには必ず電磁波が発生します。

私たちの暮らしを取り巻く環境を見てください。電子レンジ、ＩＨ調理器、テレビ、パソコン、エアコン、携帯電話、照明器具など、今や電気なしに生活は成り立ちません。

電気を使った生活を支えるために、住宅の屋内には相当な量の屋内電線が張り巡らされています。ある調査によると、25年前の2階建て住宅の場合は１５０メートルだった屋内配線が、現在は１０００メートル以上になっているそうです。また、電気の使用量はこの40年間で6倍に増加したとの調査結果もあります。いずれも驚くべき数字です。

私たちは、電気による利便性を享受するかわりに、常に電磁波のリスクとともに暮らしているといえるでしょう。調理、給湯、冷暖房などの住宅設備をすべて電気でまかなうオール電化システムの住宅ともなると、さらにいっそう電磁波の多い生活ということになります。

また、強い電磁波は必ずしも高圧線や変電所といった特殊な場所にだけ存在しているわけではありません。

どこにでもある電柱、電線の中にも高圧線が走っている場合があります。

全国電磁波測定士協会が2003年からの10年間で、全国延べ647カ所で実施した測定によると、電気配線から発生する〝電場〟と呼ばれる電磁波の強さが、海外の平均値（※1）の10倍以上ある箇所が、木造2階建て住宅で調査した箇所全体の67％にのぼります。

また〝磁場〟と呼ばれる電磁波の強さが、発がん性のリスクがあるかもしれないとされる数値（※2）を上回る箇所も、調査対象の11％にのぼっています。

※1　16・13V／m。WHO環境保健クライテリア（EHC）№238　より数値

※2　IARC（国際がん研究機関）による「2B（発がん性があるかもしれない）」の評価数値

このことからわかるのは、日本の住宅では住人はかなりの電磁波にさらされているということです。

電磁波の強さは周波数（1秒間に発生する電磁波の波の数）で表されますが、その分類は次の通りです。

[図表 20] 電磁波の発生源と周波数

電磁界の種類	非電離放射線							電離放射線
	静電磁界	超低周波電磁界	中間周波電磁界	高周波電磁界			光	放射線
周波数	ゼロ	300Hz以下 (50/60Hz：電力設備) 超低周波	300Hz～10MHz (20～90kHz：IH調理器) 中間周波	10MHz～300MHz	300MHz～3GHz (2.45GHz：電子レンジ) マイクロ波	3GHz～3000GHz (3THz)	3THz～3000THz	3000THz以上
波長	なし	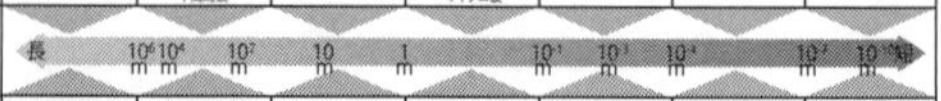						
主な発生源や利用例	・地磁気 ・磁石 ・鉄道 ・MRI 	・電力設備 ・家電製品電源 ・鉄道 	・IH調理器 ・テレビ、 ・パソコンモニタ ・鉄道 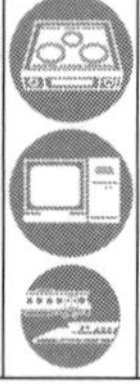	・ラジオ放送 ・テレビ放送 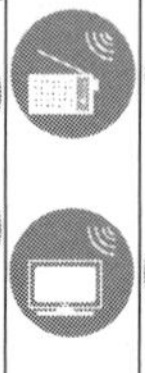	・電子レンジ ・携帯電話 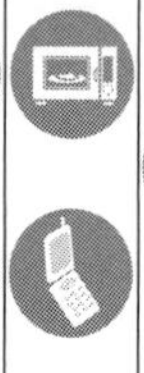	・BS(衛星放送) 	・太陽光 	・レントゲン 

注：周波数「Hz(ヘルツ)」は１秒間に振動する数で、電磁波の伝わる速さ「3×10^8m／秒」を波長で割った数です。
k(キロ)=10^3、M(メガ)=10^6、G(ギガ)=10^9、T(テラ)=10^{12}

では、電磁波が人体に及ぼす影響としては、具体的にどのようなものが考えられているのでしょうか。

WHO（世界保健機関）は、高圧線の電磁波で、小児白血病のリスクが上昇することを認めています。また、その他にも、成人のがん、うつ病、自殺、心臓血管系疾患、生殖機能障害、発育異常、免疫学的変異、神経行動への影響、神経変性疾患などとの関連についても各国で研究が行われています。

また 電磁波による影響の出方は、人によって異なります。中には、弱い電磁波にさらされても、なんらかの不調を感じる人もいます。この症状は「電磁（波）過敏症」と呼ばれます。

WHOによると（※3）、電磁過敏症の一般的な症状には次のようなものがあります。

- 皮膚症状（発疹、チクチク感、灼熱感）
- 神経衰弱症
- 自律神経系症状（倦怠感、疲労感、集中困難、めまい、吐き気、動悸、消化不良）

電磁過敏症の症状については、私は医学の専門家ではありませんので、ここでは詳しく話しませんが、電磁波によるものとして症状を訴える人がいることは、知っておいてもよいと思います。

※4　ファクトシートNo.296「電磁過敏症」より

電磁波に関しては、国際的にさまざまな基準がありますが、主なものは「WHO（世界保健機関）電磁波プロジェクト」「IARC（国際がん研究所）」「ICNIRP（国際非電離放射線防護委員会）」の3つです。

これらが発表したさまざまなレポートは、インターネットを通して誰でも読むことができますので、情報収集してみてください。

電磁波の人体への影響を考える場合、一時的にさらされるケースと、長期にわたってさらされるケースとでは分けて考えたほうがよいともいわれているようです。

たとえば高圧線の直下では、かなり強い電磁波にさらされる可能性がありますが、短時間であれば健康への影響はないとされています。一方、電磁波の強い場所に住む＝長期間にわたって滞在することによる影響は、慎重に考えたほうがよさそうです。

また、健康被害の可能性がある電磁波の基準値は国によって異なります。欧米各国と比較すると、日本の基準値はかなりゆるやかです。

このように、電磁波についてはさまざまな考え方がありますが、絶対に大丈夫とも言い切れないのは事実です。電磁波と健康との因果関係について実証する科学的根拠は今のところありません。しかし、私は経験上、できる限り避けたほうがよいと考えていますし、建売住宅を購入する際の立地や周辺環境を検討するひとつの材料になりますから、重要なチェックポイントとして覚えておいていただきたいと思います。

実際にどの程度の電磁波が住宅内に発生しているのかを測定するには、市販の電磁波測定器を使用します。私自身は仕事上、精度の高い電波測定器を使っていますが、数千円程度のものからありますので、気になる方は自分で買って試してみることもできます。

図表21　電磁波に対する各国の規制

国名		電界 キロボルト／メートル（kV／m）	磁界 マイクロテスラ（μT）
ICNIRPのガイドライン（2010）	50ヘルツ	5	200
	60ヘルツ	4.2	
基準	日本	3	200
	ドイツ	5	100※1
	イタリア	5	100※1
			3（念のため政策に基づく制限値）※2
	スイス	5	100※1
			1（念のため政策に基づく制限値）※2
	フランス	5	100※1
ガイドライン	オーストラリア	5	100※1
	英国	5	100※1
勧告	スウェーデン	5	100※1

※1　1998年に作成されたICNIRPのガイドラインに基づく値
※2　イタリアやスイス等では、住宅や病院、学校など特に気を配ることが必要と考えられる場所において、「念のため政策」に基づいた制限値（イタリア：3μT、スイス:1μT）を設定しています。注：米国は国の規制はなく、州ごとに異なる基準値を定めています。

ポイント② 家の中の電磁波が強い場所・弱い場所を把握する

日本の基準では安全な範囲内であっても、海外の基準に照らすと電磁波が高すぎると判断される場所は、日本の住環境の中に多くあります。その際、私からお客様にお伝えできることは、「健康リスクがある説」と「それを否定する意見」の双方があるということ。意見を求められれば話しますが、最終的な判断は各自でしていただきます。

特に、欧米では病院や小学校を建てる場所の電磁波の基準は、厳しく設定されています。それを考えると、小さいお子さんのいる方なら、影響が心配になって当然だと思います。電磁波による影響を考えるのであれば、建売住宅を選ぶ際に周辺環境をチェックします。すぐ近くに電波塔がないか、家の間近に電線が走っていないかなどは、建物の周囲を見渡してみればすぐにわかるはずです。そのうえで、実際に建物内の電磁波を測定してみてください。

また、部屋の配置や向きによって電磁波の測定値に差があることは重要なチェックポイントです。たとえば3階建ての住宅なら、電線との距離が近い3階は測定値が高くなりますが、1階は電線からの距離が離れる分、それほど高くならないということもあります。

立地や間取り、価格などの条件を満たした物件で、電磁波のリスクが多少あったとしても買いたいということであれば、子どもが寝たり長時間過ごす部屋を、なるべく電磁波の測定値の低い位置にできるかどうか考慮したほうがよいでしょう。

住み始めてからの話になりますが、日常的な電磁波の影響を受けにくくする方法としては、アースを利用して余分な電気を逃がす、電磁波を発生する器具から距離をとるといった方法があります。

冷蔵庫や洗濯機、エアコンなどの大型家電についているアースは、電場を抑制する働きがあります。アース付きコンセントも市販されていますので、利用するのもひとつの手です。

また、電磁波を測定してみるとわかるのですが、測定器を電化製品に近づけるとアラーム音が鳴り響いていたのが、30センチメートル離れるだけでも、目に見えて数値が低くなります。

電子レンジの使用時には離れる、お子さんには近づかないようにさせるといった日常的な工夫をすることで、利便性と電磁波の影響を低く抑えていくことが両立できるのではないでしょうか。

ポイント③　シックハウス症候群を引き起こす有害物質

冒頭に述べた住宅における健康被害の代表格、シックハウス症候群。その原因となる有害物質の有無を見抜くことも大切なチェックポイントのひとつです。

シックハウス症候群は、住宅内の空気中に含まれる化学物質によって体調が悪くなるものです。化学物質過敏症支援センターによれば、シックハウス症候群をはじめとした化学物質過敏症の発症者数は全国で100万人という報告がなされており、決して安心とはいえません。特に新築やリフォーム直後の家は化学物質の濃度がやや高い状態になるので、これから建売住宅を購入しようと考えている皆さんにとっても他人事ではないでしょう。

シックハウス症候群の症状には、目のかゆみ、痛み、鼻づまり、喘息、のどの痛み、吐き気、じんましん、頭痛、目まいなど、極めて多岐にわたり、風邪と勘違いしてしまうこともよくあります。

有害な化学物質が発生してしまう原因はさまざまですが、新建材と呼ばれる建材が使われるようになったこと、そして住宅の高気密化によってそれらの化学物質が充満してしまうことが主因であると考えられます。

昔ながらの日本の家は、高温多湿の日本の気候に合わせた木と紙、土でできていました。呼吸する天然素材を使うことで、通気がよくなるように造られていたということです。しかし、現代においては、建材の変化や省エネの観点から、家の造りそのものが変わってきました。気密性を高くしたことで、冷暖房効果も高く、外界の天候や音の影響を受けにくくなっています。ライフスタイルの多様化にともなって、換気が不足しがちなことも、私たちが家の中の環境からの影響を受けやすくなった理由のひとつでしょう。

シックハウス症候群を引き起こす化学物質として、よく知られているのはホルムアルデヒドです。現在は、2003（平成15）年に定められた改正建築基準法によって、ホルムアルデヒドの放散する接着剤を使った建材の使用には制限がなされていますが、かつては頻繁に健康被害が報告されていました。

建材はホルムアルデヒドの放散量によって等級が付けられており、最も放散量が少ないのが「F☆☆☆☆（フォースター）」です。F☆☆☆☆の建材であれば特に内装への使用に制限はありません。やや放散量が多い「F☆☆☆（スリースター）」「F☆☆（ツースター）」になると使用制限がかかり、ランク外の建材は内装仕上げに使うことができません。

このように法律で厳しく規制されているわけですが、たとえF☆☆☆☆であってもホルムアルデヒドの放散量はゼロではないので、もとからアレルギー症状のある人などは注意が必要です。

ホルムアルデヒドの量は専門の機器を用いて測定することが可能ですから、気になる場合は建売住宅の購入前に専門家に計測してもらうとよいでしょう。

厚生労働省などでは、居室内におけるホルムアルデヒドの安全な空気中濃度として0・08ppmという指針を設けていますが、仮にこの値を超えている場合であっても特に罰則などはありません。ですから、住宅購入者が自らチェックして健康被害のリスクを避けることが大切なのです。

ポイント④　シックハウス症候群を防ぐ換気性能

壁紙の他、柱や扉、フローリング、建具などにもホルムアルデヒドを放散する接着剤は使われています。またホルムアルデヒド以外にも、塗料などに含まれるトルエン、キシレンや、エチルベンゼン、スチレン、アセトアルデヒドの5種類の化学物質もシックハウス症候群を引き起こす原因として考えられますので注意が必要です。これらの濃度をできるだけ下げておくことが、シックハウス症候群を防ぐ第一歩だといえます。

建売住宅を選ぶ際のチェックポイントのひとつは、換気性能です。

新築やリフォーム直後の家は、比較的化学物質の濃度がやや高い状態になります。接着剤や塗料などが乾燥していない状態で窓やドアを閉め切っていると、揮発した化学物質の気中濃度が高くなりますが、十分な換気性能があれば濃度を下げていくことができます。

測定器で測ると、最初はやや基準値を上回る場合もありますが、換気をよくすることで、確実に数値は低くなるはずです。一度乾燥させてしまえば、新たに放散することはないので、早く乾燥させてしまうと考えていただければよいでしょう。夏場に住宅を購入する場合は、高温多湿のために化学物質の放散量が増えるので特に換気に注意する必要があります。

住宅の換気性能は、住み始めてから新たに発生する化学物質を排除するためにも重要な意味を持ちます。

シックハウス症候群は、複数の要素が絡み合って発生することもあります。タバコやペット、芳香剤や防虫剤、整髪料など、暮らしの中には化学物質の発生源がさまざまありますので、しっかりと換気できなければいずれ体に不調が現れる可能性があるのです。

住宅の建材については、化学物質の使用が極力制限されていますが、入居後に購入する家具は要注意です。特に海外で作られたものについては、規制が行われていないのが現実です。

これは私の経験ですが、あるメーカーのテレビボードを購入したところ、段ボールを開封した途端、目に染みて涙が出ました。安価で品質の悪い接着剤を使って作られているのだと思いますが、これは買ってみないとわかりません。

安いだけの理由があったのだと後悔しましたが、後の祭りです。本来、入っているはずのホルムアルデヒドを吸着させる紙が入っていなかったのも一因だと思います。

同じようなことは、家具だけでなく、カーペットや寝具、カーテンなどにも起きています。材料や製作の工程で使われた化学物質が残留したままで使うことで、シックハウス症候群を引き起こすこともあります。また、家具や床に使うワックスにも化学物質を発散するものがあるようです。

他にも、最近ブームの〝香り〟にともなって、さまざまな柔軟剤や芳香剤、消臭剤などが発売されています。しかし、香りを生み出す化学物質もアレルギーを引き起こす原因になりますので、使い方には気配りが必要です。

また、換気性能が不充分だと、住宅の中に不要な水分が入り込んだり、結露によってカビが発生することがあります。

カビは、住宅の機能を損なったり、見た目に美しくないという点だけでなく、健康にも大きな影響を及ぼします。

家の中の湿度が高くなりすぎるとカビが発生し、カビを餌とするダニが繁殖してしまいます。住宅の気密性が高いことで室内と室外の空気の循環が行われていないと、発生したカビの胞子やダニが家中を浮遊している状態になります。

このように、カビ自体もアレルギー症状を引き起こす原因になりますので、適度な湿度（＝50％前後）を保つことはとても重要です。高温多湿な夏には除湿を心がけ、乾燥しがちな冬には加湿に気を配ることによって、快適に暮らせると思います。インフルエンザウイルスが活性化するのは、湿度40％以下といわれていますから、乾燥しすぎも要注意です。また、カビの発生を抑制するためには、キッチンやトイレ、浴室、洗面所といった水回りの換気をよくするようにしてください。洗面器やタオル、布類などは、濡れたままで置くことでカビの温床になりますから、太陽光に当てたり、熱湯をかけたりして、殺菌することも効果的です。

こうして居室内に入り込んでくる化学物質を排除するには、換気によって対策を講じるのが一番です。

十分に換気できるかどうかは、間取りや窓の位置・大きさ、構造、工法、あるいは周辺環境や設備によって変わりますので、購入前にしっかりとチェックしておきましょう。

住宅性能評価で化学物質の濃度や建材、換気対策について評価してもらうこともできるので、利用することもひとつの選択肢です。

化学物質の対策として付け加えておきたいのは植物の活用です。植物は、有害物質や細菌を二酸化炭素と一緒に吸収し、空気を清浄化する働きを持っています。中には、シックハウス症候群の原因となるホルムアルデヒドやベンゼン、トリクロロエチレンをある程度まで除去し、室内の濃度を低くする能力がある観葉植物もあります。ホルムアルデヒドにはポトス、サンセベリア、ポットマム、ガーベラ、ベンゼンにはポットマム、ガーベラ、ヘデラ・ヘリックス、トリクロロエチレンにはポットマム、ガーベラが効果があるという研究結果も出ているようです。

ポイント⑤　測っておきたい放射線量

放射線はもともと、自然界に存在しているものです。私たちは日常生活を送っている中で、ごく微量ですが放射線を浴び続けていることが知られています。

大地や建物から放出されるもの、降り注ぐ宇宙起源のものによって外部被ばくしていますし、空気や飲食物に含まれるものを体内に取り込むことで内部被ばくもしています。放射線はさまざまな場所に存在しているのです。自然放射線を浴びている量に関しては、全世界平均では年間2・4ミリシーベルトとなっており、日本の平均値は2・1ミリシーベルト（2011年推定値）となっているようです（※地質学会調査より）。

また、検査に使われるレントゲンやCTスキャンなどでも、放射線を浴びる機会はあります。

- レントゲンで浴びる1回当たりの放射線 → 0・01〜1ミリシーベルト
- CTスキャンの場合 → 0・5〜30ミリシーベルト

※レントゲン技師は、安全な作業環境であることが前提ですが、年間被ばく量として50ミリシーベルトまでが許容されています。

つまり、一定量の被ばくならば、健康被害にはならないということです。問題となるのは、短期間に大量の放射線を浴びてしまうこと。これによって、重大な健康被害につながることは皆さんがご存じの通りです。しかし、日常生活においては、それほど心配する必要はないのではないかと考えています。

ただ、東日本大震災以後、放射線量を気にされる方も多いので、今では必ず測定しています。放射線を測定するガイガーカウンターが1万円程度で市販されていますので、気になる人は測定してみてもいいでしょう。

住宅選びという点からいえば、コンクリートの中に含まれる材料にセシウムが入っていた場合、高い放射線量となります。日常的な被ばく量として多すぎる場合は、建物内部の調査が必要になりますので、住宅選びの際はそちらにも着目しましょう。

［第6章］

売り文句にはウラがある　不動産の営業マンに騙されないための8つのポイント

オープンハウスや現地販売会などに足を運べば、不動産会社の営業マンに話を聞いたり、営業をかけられたりすることになります。不動産会社の営業マンとの会話はどうも苦手と感じる人も少なくないのではないでしょうか。

当たり前のことですが、営業マンは基本的に「売ること」が仕事ですから、さまざまな売り文句で商品を買ってもらおうとします。それがビジネスなので悪い・良いなどと評する立場にはありませんが、売り文句を鵜呑みにしてしまうと、住宅を購入して後悔してしまうケースがあることは否定できません。

営業マンのセールストークの多くは、売ることが第一目的であって、購入後の長い人生までは考慮していないことも、ままあります。

売ることを優先してしまうと、建物の階段に隙間があったり、釘が出ていたりしていても、決して触れることはありません。売るために活動しているのですから、物件のいいところだけを強調し、あの手この手で販売しようとします。言葉を選ばずにいえば、売ってしまえばそれまで、と考える営業マンも中にはいるのです。

ですから、この章では、「注意すべき営業マン」の「注意すべき売り文句」や、住宅ローン選びの優先順位などについて紹介していきます。

ポイント①　名刺で見分ける「押しの強い」営業マン

不動産会社の営業マンと出会えば、たいていは名刺をもらいます。名刺をもらったら、まず「宅地建物取引主任者」や「ファイナンシャルプランナー」などの有資格者かどうかをチェックしましょう。

入社1年目の新人であれば仕方ありませんが、不動産業界で2～3年も働いていながら宅建資格すら有していない営業マンは、売ることばかり考えているか、あるいは不動産に興味もなく本気で取り組んでいないと考えられるでしょう。

また、不動産会社の営業マンとして必須な宅建資格すら持っていない社員が第一線の営業マンとして働ける不動産会社の多くは、売り上げや利益を優先した不動産会社であることが多いので注意が必要です。

営業マンが売ることばかり考えることは、とにかく契約をとって稼ぐという面ではひとつの正解です。ただし、本当に買主のことを考えて、適切にアドバイスをしてくれるかといえば期待しにくいのも事実ですので、「押しの強い」営業マンを名刺などから見分けることが重要です。

営業マンの中には「フルコミッション（完全歩合制度）」といい、固定給がなく報酬は歩合だけという働き方をしている人たちがいます。彼らは営業のプロフェッショナルであり、自分の成立させた契約に関して歩合で報酬を得ます。具体的には「1軒売るごとに仲介手数料の30％をもらえる」というのがおおよそのパターンです。

たとえば、1億円の建売住宅を売ると、一般的な不動産会社の仲介手数料は、売主から売り値の3％＝300万円、買主からも同じく3％＝300万円の合計600万円になります。

フルコミッションの営業マンは、仲介手数料の30％をもらえますから、180万円を手にすることになります。ですから、当然ながら売るほうは必死です。そんな彼らの営業からは非常に逃れにくいのです。できれば、フルコミッションの営業マンがいない不動産会社のほうが、比較的、買う側の立場にもなってくれるでしょう。

では、その営業マンがフルコミッションで雇われているかどうかを、買主が調べることはできるのでしょうか。よい方法がひとつあります。インターネットで、その企業の営業部門の求人募集を見るのです。

すべての会社が記載しているとは限りませんが、求人に「高率歩合」などと書いてあれば、フルコミッションの可能性が高い募集です。また、常に人材募集している会社も、営業の押しが強い傾向があり、あやしいといえるでしょう。

ポイント② 「事務所に行きましょう!」は要注意

オープンハウスなどに行った際に、「詳しい説明は事務所で行いますので、ぜひお越しください」「他にも良い物件があるので事務所に来てください」などと誘われたら、それは危険なサインです。事務所に行けば、多くの場合すぐに上司が登場し、そこから何時間もかけて「買いませんか」と、押しの強い営業トークで詰め寄られることになります。これは不動産業界の一昔前の営業手法ですが、今でも行っている会社は少なくありません。

ひとたび事務所まで行ってしまうと、そこから立ち去るのは簡単ではなく、断りにくい雰囲気も生まれますから、多少の疑問や不満があっても契約をする流れに持っていかれてしまう傾向があります。相手は住宅を「売る」プロなのです。

事務所で、少しでも物件を気に入った素振りを見せてしまうと、すぐに「契約しましょう」「申し込みましょう」と言われかねません。まだ十分に吟味しきれていないのに、その日のうちに結論を出させようとする営業マンに対しては、ハッキリと断る勇気を持つことが大切です。

逆に良い営業マンは、メールで端的に補足説明や案内などをしてくれます。よほどの用事がない限り事務所に行くことはせず、メールを利用して情報を引き出すのが適切な営業マンとの付き合い方だといえるでしょう。

客にとって良い営業マンは、客から連絡があるまで、やたら連絡をして契約を急かしたりはしません。内覧した日の夜や翌日に「結論は出ましたか」「早く決めないと売れてしまいますよ」「どうしても○○様に購入していただきたくて」などと電話を入れてくるような ら、売ることしか考えていない営業マンだと見切りをつけたほうが無難です。一見、良い物件を買い逃さないためにという姿勢で、気にしてくれているように感じるかもしれませんが、それは好意的に受け取りすぎでしょう。客のほうが「売れてしまったら縁がなかったと思います」とでも言えば「この物件を買わないと一生家を持てませんよ」などと、相手の話に耳を傾けずに意味不明な応酬話法で詰めてくることがあります。

ポイント③「土日に何軒か見に行きましょう」という誘いにはのらない

営業マンが「今度の土曜か日曜にうちの事務所に来てください。まだ公開していない物件があるので見てほしい」などと言い始めたら気を付けましょう。

彼らの魂胆はこうです。希望条件にぴったり合う物件はないけれど、会社として売りたい物件があるから、それが最も魅力的に見えるように一日かけて案内しよう……。

売りたい物件とは、自社で仕入れた売主の物件などの利益率の高いもの、または、次に利益率がいい専任で預かっている物件です。専任のものは、売れれば売主と買主の両方から手数料をもらうことができます。売る側にとっていちばん「オイシイ物件」です。

逆に彼らにとっていちばんつまらないのは、他社の不動産会社が専任の物件です。売れたとしても、売主側の手数料は売主側の仲介業者で、買主側の手数料しかもらえません。

そこで、営業マンもあの手この手を考えます。売りたい物件を魅力的に見せる案内法とは、次のような案内です。

営業マンは、本命と上本命を定め、「この人はこの物件で詰めよう」と決めておきます。その前に、それをよく見せるための回し方をするのです。

一般的に不動産業の営業マンは、客が休日で足を運べる土曜と日曜が勝負。つまり、チャンスが週に2回です。そのチャンスに売ろうと頑張っていますが、月に1軒売れるかどうかもわからない。彼らは土日に全力投球しているのです。

客の要望を聞いたうえで、「この物件がいけそうだな」というゴールを設定し、逆算してプロセスを作っています。

具体的には、初めに「陽当たりが悪く、狭く、条件にも合わない物件」を見せてから、次に「まあまあ気に入るような物件」に連れて行き、そこでテストクロージング（最終的に契約をお願いする前に、試験的にクロージングをかけること）し、反応がなければ最後に本命に連れて行くのです。

たとえば、豊島区で物件を探しにきた客を、初めに豊島区の古く小さい中古物件を見せて、次に板橋区の中古物件を見せて、次に東京と埼玉の都県境の物件まで連れて行き、「ここまで来たら埼玉県の物件のほうが広いですよ！」と言って、自社で分譲している埼玉県郊外の新築分譲住宅を何時間もかけてセールスして契約に持ち込むというような手法を会社ぐるみで行っている不動産会社も実際にあります。

不動産会社の営業車に乗って、複数の物件を見学して回る場合、少なからず不動産会社の営業マンは、本命物件（営業マンが売りたい物件）が一番魅力的に見えるような順番で、営業マンが自分なりのルートを考えて見せに連れて行くことは、今も行われています。これは彼らの演出なのでしょうが、お客様のことを考えているわけではありません。

ポイント④　物件の情報を明かさず、客の情報ばかり知ろうとする

とにかく物件が売れればいいと考えている「悪い」営業マンは、自分にとって都合の悪い情報は明かさないものです。たとえば物件の欠点がひとつです。

物件の良いところは、どの営業マンも積極的に説明してくれるのが当たり前ですし、客が自分で見てもわかります。建売住宅選びで重要なのは、素人である客が見落としてしま

うことが多い物件の悪い面です。もし気になることがあれば、素直に「この物件は日当たりが悪いですね」などと指摘してみてください。そんなことはないと苦しい言い訳をするか、他にも欠点があることを積極的に明かしてくれるかによって、その営業マンの態度や価値観がある程度わかります。

また、仲介を行う不動産会社の営業マンが、売主や建築会社の社名を隠す場合がありま す。なぜなら、客から売主に直接連絡が行ったり、建築会社のことを調べられたりしてしまうことを恐れているからです。売主に直接連絡が行ってしまうと、仲介手数料をもらえなくなってしまう可能性がありますし、売主や建築会社の評判は、インターネットなどで簡単に調べることができます。あまり評判が良くないことがわかって、買うのをやめられてしまうと営業マンにとっては一大事です。

ですから売主はどこか、建築会社はどこかと、あらかじめ聞いてみましょう。「大手だから大丈夫です」「当社が信頼する建築会社だから大丈夫です」などと、社名を明確にせずに誤魔化そうとする営業マンは信用できないといえます。

このように、自分に都合の悪い情報を明かさない営業マンも、客の個人情報などはとにかく知りたがります。「大切な財産の不動産ですから、あまり知らない人には住所を教えられないのです。お客様の住所を教えてください」「お客様のご住所とお名前を教えてくれないと……」「頭金はいくらくらいご用意できますか」などと根掘り葉掘り聞いてきます。要するに、物件を買うことができる客かどうかを判断したり、後で営業電話をかけられるように情報を聞き出そうとしているのです。先に客の名前や住所、電話番号など、個人情報を聞き出そうとしたり、アンケートのようなシートに希望条件を書かせたりする営業マンには要注意です。

シートは、できれば書かないほうがいいでしょう。手持ち資産や購入時期なども、詳細に伝えないようにしてください。

その理由は主に2つあります。ひとつは、個人情報を安易に伝えてしまうと、口頭で値段交渉などが行われ、知らない間に申込書を作られてしまうことがあるからです。「そんなことがあるの?」と驚く人がいて当然ですが、そのような油断できないケースが実際に発生しています。

もうひとつが、売主側に「今日はこういうお客さんが来ました」と、そのまま自分の個人情報が伝わってしまう恐れがあるからです。

もし、最初に物件を紹介してくれた不動産会社や営業マンの態度や対応が良くないから、違う不動産会社経由で同じ物件を購入しようと検討した際、既に売主側に自分の個人情報が伝わっていると、自分が選択した不動産会社経由で契約しづらくなる恐れがあります。

どうしてもアンケートなどを書かなければいけない場合は、最低限の記入にとどめます。そうすると営業マンに「この人には売れないな」と思われてしまうかもしれません。ですが、「買う気はあるのですが、事情があって連絡先などは書きたくないんです」と言えば、そこまではつっこんでこないでしょう。

そこで問いただしてくるような強引なところだったら、偽名使用でも構いません。

ネット登録で個人情報を求められる場合は、ニックネームやフリーメールなどを使います。

個人情報の扱いは、不動産会社や営業マン次第の部分も多々あります。その管理について、質問してみると相手の意識がわかるかもしれません。

ポイント⑤　知識不足の営業マン

建売住宅を購入する場合、わずかな認識の違いや情報不足が大きな損害や後悔につながります。本来は不動産会社の営業マンが買主の知識不足を補ってくれるものですが、売ることを重視している営業マンほど、わからないことを隠そうとします。

営業マンが不動産に関する知識を備えているか、あるいは、わからなくても誠実に対応してくれるかを確かめる方法があります。たとえば、物件の広告図面（販売図面）に掲載されていることについて、質問してみればいいのです。「フラット35Sのどのタイプに対応していますか」「瑕疵保証は供託ですか。瑕疵保険会社ですか」などと少し専門的な質問をすると説明できない営業マンは稀にいます。また、広告図面に書いていないことで「地盤改良をしているか」などと聞いてみると、なおさら答えられないでしょう。

こうした場合に、すぐに回答できなくても売主や建築会社などに確認をとってくれる営業マンであれば心配ありません。よくないのは、たぶん大丈夫、今度回答するなどと言って誤魔化したり明言を避けたりするケースです。

ちなみに、路上の電柱などに「オープンハウス」「現地売り出し中」などと貼ってあるチラシや看板を見たことがあるでしょうか。実は、あれはすべて違法です。合法であるものはひとつもありません。見つかれば現行犯で捕まり書類送検されるレベルのものなのです。捕まってしまうと、たとえ上場企業であっても、社長が警察に呼び出され書類送検されます。

知識がないのか、あえてやっているのかわかりませんが、誠実な対応をする会社であればそのような行為はしていないはずです。こうした看板類に引き寄せられ、気軽に事務所まで行ってしまわないよう気を付けましょう。

ポイント⑥　提携の住宅ローンばかりをすすめてくる営業マンは要注意

住宅ローン選びで、営業マンがある銀行の住宅ローンしかすすめてこない場合は要注意です。住宅ローンの金利については、優遇金利、当初優遇金利、通期優遇金利、変動金利、固定金利など、さまざまな種類やプランがあります。

そうであるにもかかわらず、ある銀行の住宅ローンだけをすすめてくるときには要注意です。

今の時代、変動金利をすすめてくる営業マンは疑ったほうがいいでしょう。

あるいは「他のローンを使いたい」と伝えても、「そこよりも○×銀行の変動金利のほうが得だから」などと一方的に話し、客観性や具体性のあるアドバイスをもらえないケースでは、その銀行のローンはおすすめできません。

また、営業マンが「今は金利が低いから、とりあえず変動金利で組んでおいて、将来金利が上がったら固定に切り替えては？」などと、無責任なアドバイスをしてきた場合にも要注意。自身でしっかり吟味するか、ファイナンシャルプランナーからアドバイスを受けることをすすめます。

提携ローンには、手間が省けて時間節約になるというメリットもあります。不動産会社が窓口となり、書類の説明などを行ってくれるため、平日の日中に銀行へ行く必要がありません。また、審査が通りやすい利点もあります。

そこで注意しなければならないのは、不動産会社がお客様へ「住宅ローン取扱事務手数料」や「住宅ローン代行手数料」などという名目で、金3万円から金10万円くらいの高額な手数料を諸費用に紛れ込ませて請求してくるケースが非常に多いことです。このように余分な手数料を請求してくる不動産会社は信用できないと思ったほうがいいでしょう。

私の持論ですが、「住宅ローン取扱事務手数料」の類は、仲介手数料を受領している不動産会社であれば、仲介手数料に込みの手数料（手間）だと考えます。

また、仲介手数料無料（仲介手数料を買主側から受領しない）を謳っている不動産会社であれば、文字通り買主側から手数料の類は一切受領しないというのが筋だと思います。

ただし、提携ローンは、手数料のコストや提携先金融機関の利便性なども考慮しましょう。より自分に合った住宅ローンが他に存在するケースも少なくありません。

現在は「変動金利はあまりよくない」という考えが一般的です。住宅ローンについては営業マンの知識力が問われるところなので、わからないことがあれば、率直に質問してみるといいでしょう。

もしも「急に金利が上昇して、返済できなくなったら困ります」というあなたの言葉に、営業マンが「返済金額は、1・25倍までしか上がらないから心配ないですよ」などのように話してきたら、これは大変な説明不足であり、慎重になるべきです。

理由を解説していきましょう。確かに、金利が上昇した場合、返済金額は1・25倍を上限として上がりません。しかし、これはあくまでも「返済金額」の話です。

たとえば、借入当初は月々8万円の返済だったとします。変動金利の金利が上昇し、月々の返済額が12万円に上昇してしまいました。本来は月々12万円に返済額を増額しなければ、金利相応分の元金と利息の返済ができないのですが、急激に月額返済額が上昇すると返済しきれない可能性があるため、「1・25倍ルール」があります。これが適用されると、8万円の1・25倍で、月々10万円の返済になります。

一見、安心できるルールのように感じられるでしょう。しかし、これには大きなカラクリがあります。

返済額が少ない分、元金（借入残高）の減りが遅くなるのです。

つまり、返済しても少ししか元金が減りません。銀行の住宅ローンでは、このような状態で最終返済日に未払いの利息や元金が残っている場合、残債の一括返済を請求されることになります。このような状態を、「未払い利息」といいます。「未払い利息」の一括返済が不可能な場合、今まで支払い続けてきたマイホームを売却して一括返済しなければならないのです。これは一大事だと思いませんか。

変動金利を選択する際には、金利が上昇した場合の「未払い利息」状態になる可能性があることも十分に考慮しましょう。

ポイント⑦　住宅ローン選びの優先順位を覚えておく

では、どのように住宅ローンを選んでいったらいいのか、お伝えしておきます。次のような順序で確認し、検討することが大切です。

1　基準金利（店頭金利）を確認する

基準金利とは、店頭金利ともいいます。金融機関ごとに異なるため、まずは基準金利をチェックしましょう。当然、低い金利のほうが有利です。

2　優遇金利を確認する

優遇金利とは、各金融機関の独自の規定やキャンペーンにより、基準金利から一定の金利を引き下げる（優遇）仕組みの金利。優遇金利の金利幅は、購入物件の種類や利用者の属性により異なる場合があります。この優遇金利は、数字（パーセンテージ）が大きいほど有利です。

3　当初優遇金利か通期優遇金利かを確認する

当初優遇とは、優遇金利の数字（パーセンテージ）が、借入当初だけの優遇金利。一定期間を経過すると優遇金利の数字が見直される（優遇幅が減少する）仕組みです。たとえば、当初優遇が１・９％であっても、固定特約期間終了時や変動金利から固定金利に切り替えた場合は、当初優遇の１・９％が終了して、優遇幅が１％などに縮小します。

通期優遇とは、優遇金利の数字が、借入期間中を通して同じ金利で優遇する仕組みです。たとえば、通期優遇が１・７％の場合は、借入期間中に基準金利が変動した場合でも、その時の基準金利から1・7%優遇され続けます。

一般的に長い目で住宅ローンを考えると、当初優遇より継続的に金利が優遇される通期優遇のほうが安心だといえます。逆に、比較的短期間で住宅ローンを完済する予定であれば、当初優遇でもいいかもしれません。

4 変動金利か固定金利かを確認する

変動金利は、長期金利に連動して半年ごとに金利が見直されます。金利が変動することで月々の返済額も変動します。

固定金利とは、読んで字のごとく、金利が一定で変わらないものです。返済期間が短いほど、低金利になっている場合が多いです。

また、金融機関により固定金利特約というものもあります。変動金利型をベースとし、一定の期間だけ金利を固定するという「特約」を付けた商品のことです。一般的に、1年固定、2年固定、3年固定、5年固定、7年固定、10年固定、15年固定、20年固定などがあります。固定期間が短いほど、固定金利が低くなります。たとえば、1年固定だと変動金利よりも低い場合があります。

固定特約期間中は、他の固定期間特約や変動金利への変更が原則できません。一方で、変動金利期間中は、固定金利特約への変更は可能です。固定特約金利で注意しなければならないのは、3で説明した当初優遇金利と通期優遇金利です。

1年固定や2年固定特約での当初優遇は、目先の金利の低さで顧客の目を引いている住宅ローンともいえるため、長い目で見るとメリットはありません。よって当初優遇金利を選択する場合は、当初優遇金利が終了する条件と当初優遇金利終了後の優遇金利幅を必ず確認してシミュレーションする必要があります。


現状の私のおすすめは、全期間固定金利の「フラット35」です。全期間固定にすることで将来の金利を心配することなく住宅ローン返済を続けることができ、安心です。

「フラット35」は、民間金融機関と異なり、独立行政法人住宅金融支援機構という国の組織が融資する、全期間固定金利の住宅ローンです。

「フラット35」には、ある技術基準をクリアしている場合に適用される「フラット35S」

に次の2タイプがあります。Aタイプでは当初10年間、Bタイプでは当初5年間は、基準金利から一定金利が優遇されるという制度があります。主に住宅の仕様により異なるため、検討中の物件が「フラット35S」に適合しているかは、物件ごとに確認する必要があります。

また、「フラット35」は、独立行政法人住宅金融支援機構に出向いても借入することができません。各金融機関が「フラット35」取扱窓口として貸出業務を行っています。各金融機関の取扱窓口によりその金利と事務手数料が異なりますので注意しましょう。

一般的な都市銀行などでは、最低ラインの「フラット35」の金利を適用しています。融資手数料は、融資金額×2・16%という場合がほとんどです。

しかし裏技もあります。銀行以外の「フラット35」専門の取扱金融機関では、都市銀行と同様に最低ラインの金利で、融資手数料が、融資金額×1・65%や1%前後というところもあるのです。少しでも融資手数料が安い金融機関を選べば有利です。

ただし、楽天銀行や優良住宅ローンの場合、ほぼ業界最安値の融資手数料で若干混み合っているため、パワービルダー系の建売を購入する際には、残金決済日の約定期日に間に合わないことがあります。

ポイント⑧　しつこい勧誘にはこう対処する

では、万が一しつこい勧誘を受けてしまったら、どう対処すればいいのでしょう。

「今は忙しいので……」「まだ時期じゃないから……」などと曖昧な態度をとると、相手に「まだ見込みがある」と思われ、勧誘が続いてしまいます。

もし、このような、しつこい不動産会社の営業マンと縁を切って違う不動産会社に切り替えて家探しをしたい場合は、「諸事情により購入すること自体を取りやめたので、もう連絡しないでほしい」と伝えましょう。購入すること自体をやめたとなれば、普通の営業マンであれば、もう連絡してきません。もし、営業マンから「諸事情ってなんですか?」と尋ねられたら「個人的な事情なので……」と曖昧に答えれば、さすがに営業マンも踏み込んできません。

それでも、あまりにもしつこく付きまとわれるような場合には、行政機関から指導してもらうことが可能です。不審に感じた場合は、勧誘された従業員の名前、日時、そのやりとりの内容などをメモしておきましょう。

その際に必要なのが、不動産会社の免許番号と、それを発行している行政機関がどこかということ。国土交通省のホームページの「建設業者・宅建業者等企業情報検索システム」(http://etsuran.mlit.go.jp/TAKKEN/takkenInit.do)から番号を検索することもできます。

不動産会社には、「宅地建物取引業免許」が与えられ、その免許は国土交通省または各都道府県知事から交付されています。宅地建物取引業者が国土交通大臣免許業者であれば国土交通省へ、東京都知事免許業者であれば東京都へ相談しましょう。

また、住宅の購入後、住宅の購入検討中に問い合わせなどをした不動産会社に個人情報の相談窓口があれば、用済みの個人情報データを消去するよう申し出るのもいいでしょう。

［第7章］

引き渡し前の徹底チェック＆適切処置で一生満足できる住宅を手に入れる

「住宅選びから引き渡しまで」のステップ

第3章から第6章までをお読みいただき、物件の「どこをチェックすればいいか」がおわかりいただけたと思います。ただし、引き渡し後に不具合が見つかっても、修理などの対応はしてもらえない場合もありますので、事前にしっかりとチェックする必要があります。

ここでは、どこの段階で、チェックすればいいか、住宅選びから引き渡しまでのプロセスの中で見ていきましょう。

【ステップ1】　物件探し

立地や場所、価格などを検討し、ネットやフリーペーパーなどで自分の希望に合った物件を探す。

【ステップ2】　外観を見に行く

気に入った物件があれば、不動産会社にメールで問い合わせをして物件の所在を教えてもらいます。このときのメールアドレスは、Ｙａｈｏｏなどのフリーメールを使い、名前もニックネームで問い合わせして個人情報を明かさないように工夫する。

ご自身だけで現地の外観を見学して近所の雰囲気をつかむ。

不動産屋に問い合わせた際に内覧をすすめられても、まずは外観のみを見てみたいという意向を伝える。

【ステップ3】　的をしぼった物件を慎重に内覧する

外観を見て、内覧して良ければ話を進められるかもしれないという物件に出合えたら、慎重に内覧をする。巻末のチェックリストを持って行くとよい。建物診断などの業者を依頼する場合は、この段階で立ち会ってもらってもよい。

【ステップ4】　ローンなどについて検討

諸費用、住宅ローンについてじっくり検討する。

ファイナンシャルプランナーなどに諸費用や資金計算書を作成してもらう。

【ステップ5】　不動産購入申込書（買付証明書）を記入

絶対に現地や不動産会社の事務所で即決しないで、必ず自宅に持ち帰って検討する。

購入を決断したら購入申込書を書いて、不動産会社に提出。

ここで初めて個人情報を出す。

【ステップ6】 住宅ローンの事前審査

住宅ローンを組む場合は、住宅ローン事前審査を行う。

事前審査は、不動産会社経由で行ったほうがスピーディーに行える。住宅ローン事前審査を申し込みした金融機関と本審査を申し込みする金融機関は、必ずしも同じでなくてもＯＫ。

【ステップ7】 諸条件の交渉（価格交渉など）

どうしても、最初に価格交渉から入ってしまいがちだが、不動産の価格の交渉は「不動産購入申込書」を利用して行うのが一般的。

【ステップ8】 価格交渉の成立

売主側と価格の折り合いがついてから本格的に話が進展。

【ステップ9】 建物診断・耐震診断・物件調査開始（建物診断を行う場合）

本格的に建物の診断をしたい場合は、価格の折り合いがついてから行う。

【ステップ10】　調査や診断結果を契約前に聞く（建物診断を行う場合）

問題点がないか、契約前に結果報告を聞く。

問題があれば、売主に対応を依頼する。この時点で買わないという選択もある。

【ステップ11】　売買契約を締結

問題がなければ、売買契約を締結。

【ステップ12】　住宅ローン本申し込み手続き

金融機関などでローンの申し込みをする。

【ステップ13】　引き渡し前の最終立会いチェック

契約前に建物診断や耐震診断を実施していれば、欠陥住宅でないことを前提に契約しているので、この段階のチェックは、主に傷などの不具合を重点に確認。

ここで見落とした傷などは、引き渡し後は対応してもらえないことがある。

【ステップ14】　不具合箇所の是正（修理や改善）措置

発見した不具合を売主に是正依頼して直してもらう。

【ステップ15】　是正完了の確認

引き渡しの1~2日前に是正工事が完了したか最終確認をする。

【ステップ16】 残金決済 (引き渡し)

残金決済、登記申請、鍵をもらう。

以上のように、「購入するかどうかを決める前」「契約書を交わす前」「引き渡し前」と念入りにチェックを繰り返すことで、欠陥・不具合のない住まいを手に入れることができるのです。不動産屋のペースに流されず、きちんとチェックしていく姿勢が大切です。

不安な場合は第三者を入れる

欠陥・不具合が見つかった場合は、毅然とした態度で対応を迫りましょう。

家は一生に一度の買い物といわれます。そうそう買い替えもできません。せっかく高いお金を出して購入するのですから、満足した物件を買うべきでしょう。

大切なのは、第6章でも述べたように、不動産会社は不動産を販売するプロであって、建物のプロではないということをくれぐれも忘れないことです。とにかく売りたいわけですから、「多少の傷はどんな家にもありますよ」「これくらいは、暮らすうえで影響がありません」などのように、売主側に立って発言をすることが多いのです。ですから、欠陥・不具合が見つかった場合は、不動産屋に相談するにしても、自分で建物の勉強をして、自分の意見をしっかりと伝えることです。

あるいは、建物診断士などのプロに入ってもらうのもひとつの手でしょう。第三者の目で見てもらうことで、売主によりきちんとした対応を迫ることができます。

欠陥・不具合が見つかったら確実・明確に伝える

日本人は謙虚を美徳とし、クレームなどを直接伝えない傾向があります。

謙虚なのはいいことだとは思いますが、一生住む家なのですから、買う前に欠陥・不具合を見つけたら、気になるところはすべて直してもらったほうがいいでしょう。

あまりに大きな欠陥があった場合は、「買わない」という選択も考えるべきです。

実際、不具合があると、多くの人は、みんな引いてしまいますので、買わない決断をする人も多くいます。一方で、どうしても立地が気に入っているという人もいます。

そういう場合は、売主に是正してもらって買います。

ただ、是正もできない箇所があります。たとえば階段の隙間などは、コーキングのように同じような色の充填剤を入れて隙間を隠すという対応になります。どうしても綺麗には仕上がりません。仕上がりが悪くても、我慢するのかどうか、それは自分次第です。

また、よく聞かれるのは、「生活上に支障はありますか」「使っていて怖いことにならないですか」ということです。

私は正直に、「基本的にはないでしょう」と答えたり、「直るかもしれないけれど場合によっては軋みが出るかもしれません」とお伝えします。

神経質な人の場合は、買うのをやめると言いますし、そうでもない人は、「軋みくらいなら」と購入に至るケースもあります。

欠陥・不具合を見つけたときに、大切なことは、家族でよく話し合うということです。よほど急がなければならない理由がない限りは、時間をかけてよく考えたほうがいいのです。

不動産屋で、今朝内覧したばかりなのに、夕方に電話かけてきて「どうですか」と聞いてきて、「少し迷っているから検討します」と答えると、また翌日に電話がかかってきて「検討されましたか」と聞いてくる人もいると思います。

少しでも早く物件を売りたいのですから、仕方がないでしょう。しかし、その流れに流されないように、じっくり選んだほうが賢明です。

じっくり選ぶなら繁忙期は避けるべき

じっくり選ぶコツとしては、あまり不動産市場が動かない時期に購入することです。2月や3月は、引っ越しシーズンともいわれていますから、多くの人が物件を探しています。

加えて、この時期は年度末で決算を迎える不動産会社が多いので、プライスダウンも期待できるのです。少しでも多く年度内に売り上げを上げておきたいために、「値を下げるから買いませんか」と持ちかけられることもあります。

ですから、非常にたくさんの物件が動きます。「ちょっといいな」と思って、内覧の申し込みをしようとしたら、「さっき売れました!」ということも少なくありません。

逆に7月や8月などの暑い時期は、あまり不動産は動きません。そのため、ゆっくりと検討することができます。

もし、急がないのであれば、夏に不動産を検討されることをおすすめしています。

十分チェックをすれば一生満足できる建売住宅が手に入る

ここまで見てきたように、大量生産の新築建売住宅の中には、多くの欠陥・不具合があるのは事実です。ただし、それを事前に見抜くことさえできれば質の高い物件を手に入れることがもちろん可能です。

第2章でお伝えしたように、仕様通りに丁寧に造ってあれば、基本的には40年、50年ともつのが現在の建売住宅なのです。

きちんとチェックの仕方を覚えれば、そうした物件を見つけられるようになります。

また、たとえ欠陥・不具合があったとしても、徹底的なチェックをして、事前に見つけ、適切な処置を行うことができれば、怖くはありません。

204ページのチェックリストを存分に活用してみてください。

また、建物を見慣れていない人が建売住宅を見て「良い建物」と「良くない建物」を見極めることは難しいと思うのであれば、知り合いの設計士など、プロに相談してもいいでしょう。

チェックをすることで、コストを抑えた質の高い建売住宅を購入することは可能です。

一人でも多くの人が、「良い建物」と出合えることを心から祈っています。

最後に、誰でも簡単に購入予定物件のチェックができるように、項目ごとに2つずつチェックポイントをまとめました。

実は、ひとつでも該当した場合は、大きなトラブルに発展する恐れがある重要なチェックポイントだけをピックアップしています。もし、ひとつでも該当事項があれば、専門家に建物診断や耐震診断を依頼することをおすすめします。

◆建物の外観チェック

1．外壁（サイディングの継ぎ目）の釘の周りにひび割れは、ありませんか？

2．基礎コンクリートに目立つひび割れはありませんか？

◆建物の室内チェック

1．室内の入隅や出隅に目立つ隙間は、ありませんか？

2．ドア、階段、フローリングに「ガタツキ」「軋み」「隙間」などがありませんか？

◆床下点検口チェック

1．床下に水溜まりやゴミはありませんか？

2．フローリング裏側に断熱が施工されていない部分は見えませんか？

◆準防火地域の場合のチェック

1．浴室点検口を開けた際に木部が丸見えになっていませんか？

2．天井点検口から小屋裏を確認した際に木部が丸見えになっていませんか？

◆耐震チェック

1．建物の形が正方形でない細長いなど変形した間取りではありませんか？

2. ビルトインガレージや吹き抜けがある間取りではありませんか？

◆健康被害チェック

1. 物件の近くに電線や送電線はありませんか？
2. 室内に入ったら目や喉に刺激や違和感はありませんか？

◆外構チェック

1. 既存のブロック塀を使っている場合、手で塀を押して揺れませんか？
2. 隣戸の植栽や建物が敷地内に越境していませんか？

おわりに

最後までお読みいただきありがとうございます。

私は、仲介手数料無料ゼロシステムズというサイトを運営して、ご利用していただいたお客様に無料で田中式建物診断を提供しています。

田中式建物診断は一般的な住宅診断に加え、耐震診断や非破壊検査、電磁波のチェックなど多岐にわたります。

なぜ、私がこうしたことまで手掛けるようになったかといえば、私自身も新築建売住宅の施工制度に疑念を抱いたからに他なりません。

以前、お客様と内覧に行った際、「この家、地震が起きても大丈夫なんですか?」と聞かれました。当時は、まだ今のように建物診断をしていなかったので、「設計段階で計算しているはずですから大丈夫なはずです」と答えました。するとそのお客様が、「それはわかっている。どの程度、地震に大丈夫なのかを知りたいんです」と言われました。

当時の私はそれにきちんと答えられませんでした。

真剣に購入を検討している方の疑問にしっかりと答えられないことが悔しく、また、お客様にも申し訳なく思い、耐震診断の勉強を始めたのがきっかけで、今のように建物診断や耐震診断を行うようになりました。

そもそも、「会社を大きくしよう」とか「業界一番になろう」という考えはなく、中小企業であっても、皆様のお役に立てる魅力ある会社でありたいと思い、努力を続けています。

その甲斐もあり、おかげさまで、これまで多くのお客様から喜ばれてきました。

本書では、私がこれまで培ってきたノウハウの中でも、特に皆さんが自分で診断できるようなチェックポイントを中心にまとめました。

深い知識がなくても、ある程度の見極めができると思います。

家は、生命と財産を守る器です。本書を通じて一人でも多くの方が良質な住まい選びをされることを祈っています。

田中　勲

田中 勲（たなか いさお）

レジデンシャル不動産法人株式会社代表取締役。仲介手数料無料ゼロシステムズを運営して首都圏全域の不動産仲介と建物診断を行う。不動産業界に20年以上従事しており、物件の売買実績は1000件以上。そこで得た経験をもとに〝田中式建物診断〟という独自の建物診断を提唱している。欠陥住宅の購入を防ぐ欠陥住宅の専門家として知られ、独自の建物診断の第一人者として、ラジオ、テレビ、雑誌、書籍等多数のメディアで活躍している。

本書についての
ご意見・ご感想はコチラ

改訂版 こんな建売住宅は買うな

二〇一八年六月二七日 第一刷発行
二〇二五年五月二六日 第八刷発行

著　者 田中 勲
発行人 久保田貴幸
発行元 株式会社 幻冬舎メディアコンサルティング
〒一五一-〇〇五一 東京都渋谷区千駄ヶ谷四-九-七
電話〇三-五四一一-六四四〇（編集）
発売元 株式会社 幻冬舎
〒一五一-〇〇五一 東京都渋谷区千駄ヶ谷四-九-七
電話〇三-五四一一-六二二二（営業）
印刷・製本 中央精版印刷株式会社
装　丁 佐々木博則

検印廃止
© ISAO TANAKA, GENTOSHA MEDIA CONSULTING 2018
Printed in Japan ISBN978-4-344-91780-4 C0095
幻冬舎メディアコンサルティングＨＰ https://www.gentosha-mc.com/
※落丁本、乱丁本は購入書店を明記のうえ、小社宛にお送りください。送料小社負担にてお取替えいたします。※本書の一部あるいは全部を、著作者の承諾を得ずに無断で複写・複製することは禁じられています。定価はカバーに表示してあります。